I0221293

7 SECRETS CACHÉS SUR LA LOI DE L'ATTRACTION

Du même auteur

> ›   La Vibration Originelle : Exprimez votre plein potentiel en accord parfait avec votre âme

> ›   Vivre en Accord Parfait avec les Lois Universelles

Retrouvez Dorian Vallet sur

> ›   https://www.dorianvallet.fr/
> ›   https://terrecristalline.fr/
> ›   https://lecerclecristal.fr/

Version du livre mise à jour en date du 09/07/2021

ISBN : 978-2-9554033-0-3

Copyright © 2015 Dorian Vallet

Tous droits de reproduction, d'adaptation et de traduction, intégrale ou partielle réservés pour tous pays. L'auteur est seul propriétaire des droits et responsable du contenu de ce livre.

« Le Code de la propriété intellectuelle interdit les copies ou reproductions destinées à une utilisation collective. Toute représentation ou reproduction intégrale ou partielle faite par quelque procédé que ce soit, sans le consentement de l'auteur ou de ses ayant droit ou ayant cause, est illicite et constitue une contrefaçon, aux termes des articles L.335-2 et suivants du Code de la propriété intellectuelle.

INTRODUCTION AUX LOIS DU SUCCÈS

Premièrement, je vous félicite d'être en train de lire ces lignes. Je vous félicite car elles peuvent changer à tout jamais votre existence. Les secrets que je délivre dans ce livre sont bien souvent dissimulés pour empêcher la plupart des gens d'obtenir un succès florissant et une vie heureuse. Aujourd'hui, les savoirs qui ont été cachés pendant de longs siècles refont surface peu à peu pour le bonheur de tous.

Appliqués avec conscience, ces clés vous permettront d'accéder à une existence épanouie. Vous pouvez naturellement les connaître et les appliquer inconsciemment ou passer totalement à côté et subir votre existence jusqu'à la mort. Pourtant, tout ceci est accessible à tout un chacun et vous pouvez laisser naître dans votre vie ce qui vous apportera tout ce dont vous rêvez peut-être. Il ne s'agit pas forcément d'éléments physiques mais avant tout d'une paix et d'un bien-être intérieurs. Certaines personnes parmi ce que l'on peut appeler « l'élite » gardent jalousement les enseignements et pratiques leur permettant d'obtenir tout ce qu'elles veulent dans leur vie. Pourtant, cela n'est pas entièrement correct et comme nous le verrons, le mythe de faire croire que vous pouvez obtenir tout ce que vous souhaitez simplement parce que vous le voulez et mettez votre énergie dessus est fort et séduisant.

Ces secrets sont d'ordres pratiques et spirituels. Vous allez vite comprendre que tout ceci concerne des habitudes saines et un état d'esprit correct. Mais aussi de remettre les choses à leur place car la définition même de ce qu'est la loi d'attraction est complètement détournée dans la sphère du New Age

La plupart des gens qui essaient d'appliquer la loi de l'attraction dans leur vie font face à un problème de taille. Ça ne marche pas pour eux ! Et pour cause, ils n'ont pas les bonnes clés... Nous allons aborder par la suite des concepts qui vont vous permettent de faire la différence dans votre vie. Ces secrets feront la différence si vous les appliquez et que vous restez dans les principes fondamentaux. Dès que vous vous en éloignez, la vie viendra vous balayer d'un revers de karma jusqu'à ce que vous saisissiez que vous vous êtes égaré.

Il n'y a aucune obligation et aucune garantie de résultat. Les résultats que vous obtenez dans votre vie sont le fruit de votre propre attitude. Vous aurez ici des pistes pour faciliter votre succès et votre bien-être général. En effet, bien que ce soit peu connu, la loi de l'attraction vous apporte avant tout une tranquillité d'esprit qui va vous permettre d'attirer à vous les circonstances propices à obtenir tout ce dont vous avez besoin. Tout ce que vous attirez physiquement dans votre vie est directement lié à l'état d'esprit et à la présence dont vous faites preuve.

Dans ce livre, vous trouverez des révélations sur certaines techniques utilisées par les personnes les plus prospères et heureuses dans le monde. Les personnes qui ont l'argent et le bonheur sont celles qui ont compris comment l'Univers et ses lois fonctionne. Celles qui n'ont que l'argent n'ont pas tout compris et leur fortune peut être mise à mal du jour au lendemain. C'est donc aussi à travers l'inspiration de maîtres spirituels et l'expérimentation pendant de longues années à saisir pourquoi cela marche et pourquoi cela ne marche pas, que je vous livre aujourd'hui tout cela.

Je souhaite vraiment insister sur le fait que vous devriez porter votre attention sur les fondamentaux avant le reste. Nous resterons ici dans un aspect majoritairement théorique bien que je vous donne de nombreux exercices à mettre en place. Si vous en voulez davantage et assurer votre maitrise de la loi d'attraction, je vous donnerai plusieurs pistes pour le faire sereinement. Ce livre vous donnera déjà matière à améliorer considérablement votre vie dans tous les domaines. Ces enseignements font partie des connaissances les plus utiles et profitables que vous pourriez recevoir dans votre vie. Le chemin peut être long et commence peut-être pour vous aujourd'hui. Alors je vous souhaite une bonne lecture et une bonne découverte des 7 secrets que je dévoile ici.

PRÉFACE DE MARCELLE DELLA FAILLE

C'est en 2015 que j'ai fait la connaissance de Dorian dans le cadre de l'événement des Success Days – Propulsez votre Vie au niveau Supérieur, qu'il a organisé avec Guillaume Leroy.

Un homme qui cache bien son jeu. En effet, aux Success Days, j'ai appris qu'il avait été Champion du Monde. De plus ou moins débutant, il sauta directement au statut de Leader aux yeux des participants. Pas étonnant qu'il se soit lancé dans l'aventure de l'Entreprenariat.

Et c'est ce qu'il nous transmet à travers les pages de ce livre : la passion de la création, par l'attraction. Particulièrement sensible aux lois de l'univers, il écoute, pratique et vibre intensément sa vie en s'appuyant – entre autres - sur les concepts et les principes de la loi de l'attraction. Autant dire qu'il vit ce qu'il enseigne !

En effet, Dorian vous partage, au fil des chapitres de cet ouvrage puissant, des concepts et des exercices issus de son vécu et des révélations reçues tout au long de son parcours. Grâce à cet ouvrage très pragmatique, il vous encourage à avancer main dans la main avec les lois universelles pour créer la joie et l'aisance dans votre vie.

En outre, les illustrations symboliques proposées à chaque chapitre amplifieront votre capacité à tourner le commutateur de vos pensées en créant un changement intérieur tel que votre Vie extérieure s'avèrera plus agréable à vivre.

En effet, nous développons tous des comportements et des habitudes qui, souvent, nous ferment à la réception des nouvelles idées dont nous avons besoin. A d'autres moments, elles bloquent littéralement nos cœurs et nos corps, et nous désalignent fortement. C'est la raison pour laquelle des ouvrages tels que celui-ci sont indispensables.

La légèreté et l'aisance qu'offre l'utilisation délibérée des lois universelles vous permettent de sortir des vieux schémas dont nous avons tous et toutes hérités inconsciemment, et de développer de nouveaux jeux dans un environnement constructif et porteur.

Je vous recommande vivement de feuilleter ce livre et, surtout, de mettre en œuvre ses conseils, dans la joie et le bien-être toujours !

Marcelle Della Faille
Auteure du best-seller « Le Secret de la Loi d'Attraction » et d'autres ouvrages publiés au Dauphin Blanc, et de « Entreprendre avec Succès : Attirez l'argent en affirmant votre valeur », auto-publié sur Amazon en janvier 2016. Marcelle est également Formatrice de Coachs de la Loi d'Attraction, de Coachs d'Abondance Financière, et Mentors de Top Leaders. Elle est l'auteur des sites http://www.loi-d-attraction.com et http://aficea.com.

TABLE DES MATIÈRES

DÉFINITION DE LA LOI D'ATTRACTION

Nous ne pouvons commencer sans définir précisément ce qu'est cette loi et ce qu'elle n'est pas. Ce que vous allez lire ici est probablement différent de ce que vous connaissez car la façon dont elle est présentée 99% du temps est un LEURRE.

La Loi d'Attraction est une **Loi Universelle**. Elle n'est en aucun cas un outil que vous utilisez pour arriver à vos fins. Seul l'ego, le petit moi, peut croire qu'il peut utiliser cela à son profit ou pour créer un monde meilleur. La Loi d'Attraction est en action de tout temps et de toute éternité. Elle ne s'active pas parce que vous mettez votre attention dessus, elle est en action permanente.

A présent, en tant que loi universelle, elle répond à ce qui est d'ordre universel et éternel. En ce qui vous concerne, elle répond à l'Âme qui est ce que Vous êtes en Essence. Vous avez aussi une conscience humaine avec un corps, des pensées, des émotions, des énergies qui vous traversent, tout cela pour vivre une expérience terrestre. Tout cela est parfait mais ce n'est pas ce que Vous êtes vraiment car c'est éphémère. Donc la loi d'attraction va toujours vous ramener à exprimer ce que Vous êtes en tant qu'Âme, ce que j'appelle aussi la Vibration Originelle. Lorsqu'en tant que personne, vous allez focaliser sur ce que vous ressentez juste et que c'est en alignement avec l'Âme, alors cela va fonctionner. Et si ça ne l'est pas, vous allez au contraire recevoir un vent contraire vous amenant à ne pas réaliser cela car la Vie vous amène à prendre conscience de ce que vous ne voyez pas afin de vous permettre de vous exprimer enfin pour ce que Vous êtes, sans que ce soit entaché des petits désirs de l'ego. Il n'y a donc pas de bon ou de mauvais désir, c'est simplement que les véritables désirs émanent de l'Âme et prennent la forme du désir que l'on connait chez l'être humain. Lorsque le point de naissance du désir est un manque de la personne, alors cela créera forcément du chaos.

Les différents chapitres de cet ouvrage amènent une ouverture à vous permettre d'être en alignement complet avec cette loi. Parfois ce sera pris sous l'angle universel de l'Âme, parfois sous l'angle de l'ego. A vous de faire la part des choses entre ce qui est profondément Vivant, et ce qui est seulement de l'ordre de cette expérience humaine.

CHAPITRE I :
L'ÉQUILIBRE INDISPENSABLE A LA REUSSITE

Tout le monde a tendance à se focaliser sur la technique avant de se focaliser sur l'état d'esprit. Tout le monde a tendance à se focaliser sur le comment avant de se focaliser sur le pourquoi. Tout le monde est obnubilé par le fait de savoir faire au lieu de commencer par savoir être. Tout ceci vous paraît peut-être anodin. Ou encore farfelu. C'est pourtant un fondamental parmi les plus importants de tous. Vous maîtrisez peut-être déjà inconsciemment de nombreux éléments et l'intention est que vous puissiez devenir compétent de façon automatique et ancrée sur tous les fondamentaux. Il y a probablement des domaines dans lesquels vous ramez depuis des années. Ce fait-là est dû uniquement au fait que vous êtes trop focalisé sur le comment : « *Comment faire pour arriver à tel objectif, alors que tout semble porter à croire que c'est impossible dans votre situation* ». Si vous n'étiez pas focalisé dessus, vous pourriez voir des améliorations dans tous les domaines de votre vie de façon constante. La raison en est que, dans certains domaines, vous savez quoi faire pour réussir. Et dans d'autres domaines, vous êtes ignorant. Pourtant, ce n'est pas le fait de savoir comment faire quelque chose qui va vous faire réussir.

Voici quelques exemples pour illustrer cela et rendre la chose plus concrète. Il y a sur la planète un nombre considérable d'entrepreneurs qui luttent de toutes leurs forces pour gagner de l'argent dans leur business. Pourtant, ce dernier ne décolle jamais et ils finissent par s'en prendre au marché difficile, aux concurrents trop agressifs, aux clients qui n'achètent plus, etc. Tout un tas d'excuses pour faire passer la pilule un peu mieux. Pourtant, le seul responsable dans l'affaire, ce sont les entrepreneurs eux-mêmes. Ils peuvent tout savoir sur comment faire grandir un business, sans toutefois y arriver. D'autres en revanche créent des dizaines d'entreprises qui sont pour la plupart de francs succès, et en y passant un temps modéré.

Parallèlement, il y a des millions de personnes qui cherchent l'amour. Et que font généralement ces personnes ? Elles cherchent des techniques comme comment draguer, des techniques d'approche, des pour contacter les personnes (site de rencontre, évènements organisés et autres). Et à votre avis, pourquoi y-a-t-il autant de célibataires (frustrés de l'être) ? Si vous avez encore du mal à saisir le sens de tout cela, nous allons en parler un peu plus dans ce chapitre.

PRINCIPE CLÉ DE LA LOI DE L'ATTRACTION

Je vous rappelle le principe clé de la loi de l'attraction : « *Tout ce que l'esprit peut concevoir et croire, il peut le réaliser* ». Concevoir est une première étape qui peut ne pas être facile pour tout le monde. Tout le monde peut concevoir des pensées, mais il peut être difficile de focaliser ses pensées sur un élément en particulier. C'est cette faculté de focalisation qui va apporter du poids à vos pensées.

Ensuite, nous avons la croyance. Si vous ne pouvez croire que la pensée que vous avez conçue puisse devenir réalité, alors il n'y a aucune chance qu'elle le devienne. Pourquoi en est-il ainsi ? Parce que les émotions liées à vos pensées font référence au manque, au doute, à la peur, et non à l'abondance et à la joie d'obtenir la chose souhaitée. Les émotions peuvent à la fois renforcer la vibration d'une pensée ou jouer les trouble-fêtes.

Ceci est un sujet que nous pourrions traiter longuement. Mais dans ce chapitre, je voudrais attirer votre attention sur le fait que la théorie n'est pas la pratique. Votre seule pensée va avoir du mal à attirer à vous ce que vous voulez. Vous allez également devoir agir ! Et l'action va vous apporter la croyance que c'est possible pour vous. Il vous faudrait une foi inébranlable pour que vous puissiez croire en la réalisation de vos désirs les plus chers, sans lever le petit doigt. C'est pourtant possible de s'attirer les circonstances favorables pour tout accomplissement en utilisant uniquement la pensée, et même uniquement par la Présence. Mais il y a forcément un moment où il vous faudra agir s'il y a le désir d'arriver quelque part ou d'accomplir quelque chose. Vous allez recevoir un coup de téléphone d'une personne qui vous mettra sur un chemin précis que vous devrez emprunter pour aller là où vous voulez aller. Ou alors, vous ferez une rencontre étonnante et vous devrez prendre des décisions en fonction de ce qui vous arrive. Dans tous les cas, des circonstances arriveront dans votre vie et vous devrez agir en conséquence. L'idée ici est de permettre aux bons rails de se dessiner sur votre chemin de la façon la plus fluide et joyeuse possible. Toutefois, agir n'est pas ce qu'il y a de plus important, bien que ce soit, à mon sens et au sens pratique, indispensable.

L'ÉQUILIBRE OBLIGATOIRE DANS LA LOI DE L'ATTRACTION

La loi de l'attraction répond à un équilibre dans votre vie. La théorie voudrait qu'avec votre seule faculté à penser et à émettre des ordres et des désirs dans l'univers, vous pourriez attirer tout ce que vous voulez. Cela implique aussi que ces pensées soient pures et totalement exempt d'ego. Ceci rentre déjà directement en conflit avec ce que nous avons vu en introduction. En théorie, la technique n'entre pas en compte et le savoir-faire n'a pas sa place dans la loi de l'attraction. Cependant, nous faisons une expérience terrestre, matérielle, qui implique que ça bouge dans la matière. Il y a une part d'action qui semble être donc indispensable. Et ce point est négligé par la grande majorité de ceux qui se lancent dans l'aventure d'appliquer la loi de l'attraction à leur avantage dans leur vie. A partir du moment où l'on entend que l'on peut tout réaliser par la pensée, certains s'imaginent faire leur prière toute la journée, sans rien devoir faire d'autre. Et une nouvelle fois, je ne dis pas que cela ne marchera pas mais il y a tellement de facteurs qui peuvent entrer en conflit avec cela. C'est pourquoi agir vous donnera généralement de quoi réaligner ces paramètres non maitrisés.

D'une façon générale, nous avons comme un fossé être deux façons de voir les choses et d'être en lien avec la loi d'attraction. D'un côté, nous avons les personnes ignorantes de la loi de l'attraction qui vont se focaliser uniquement sur la technique. De l'autre, nous avons les personnes qui n'ont pas pris le temps de comprendre les principes de la loi pour saisir que l'action n'est pas à négliger. Nous avons donc des personnes focalisées uniquement sur le comment, et des personnes focalisées uniquement sur la pensée. Ces 2 formules ne sont pas favorables à ce que tout se déroule de façon fluide.

Ainsi, tout ce que vous entreprenez dans la vie doit répondre à un équilibre entre état d'esprit et action. Si vous négligez l'un ou l'autre, vous n'arriverez à rien. Toutefois, sachez que la pensée est largement dominante par rapport aux actions. C'est-à-dire que, si vous entreprenez quelque chose sans conviction et sans l'assurance de réussir, vous allez droit dans le mur. Et cette situation viendra enrichir votre propre base de données qui vous rappellera les trop nombreux échecs subis dans un ou des domaines en particulier.

Cet équilibre que nous nous devons de respecter dans la loi de l'attraction est plus communément appelé « *la balance de l'équilibre de la réussite* ». Elle dit que nous devrions focaliser 90% de notre attention sur nos pensées, sur le pourquoi, sur nos émotions, sur notre état d'esprit, et 10% sur le comment, le savoir-faire, la techniques, les méthodes, etc. Les pourcentages ne sont pas très importants. Certains disent que la pensée représenterait 99.9%. Sans cet équilibre, il y a de fortes chances pour que vous ne puissiez arriver à vos fins quand vous vous lancez dans quoique ce soit.

Les entrepreneurs échouent car ils sont généralement trop focalisés sur la technique et négligent 90% de la balance. Il n'y a aucun équilibre dans ce qu'ils font. Ils lutteront jusqu'à ce que l'aventure finisse pour eux, sans arriver à tirer leur épingle du jeu. La plupart savent comment réussir mais flanchent aux premières difficultés, ou ne croient plus en leur business, à partir du moment où le marché est moins bon, ou que la concurrence devient forte. De la même façon, les célibataires resteront célibataires tant qu'ils n'auront pas effectué ce travail au préalable sur leur croyance à trouver l'amour, et leur capacité à y arriver sans aucun doute. La technique peut vous apporter la croyance mais ce n'est pas une certitude.

Voici un exemple. Imaginons que vous cherchiez l'amour depuis de longs mois, voire de longues années. Vous tombez sur un site de rencontre qui a l'air génial et d'un coup, votre confiance en vous grimpe en flèche. Vous êtes enthousiaste et vous sentez que cette opportunité va vous permettre d'obtenir enfin ce que vous voulez. Pourtant, c'est la désillusion pour vous au bout de quelques jours. Vous n'arrivez pas à trouver la personne qu'il vous faut et les contacts que vous avez semblent superficiels. Vous vous découragez et vous quittez le site en vous disant que ce n'est finalement pas pour vous.

Ce qui arrive ici est simplement que vous n'aviez pas nourri assez positivement votre esprit au préalable, et que les premières difficultés vous ont découragées. Si vous vous étiez consacré, avant de vous lancer, à reconnecter au fait que vous méritez de trouver l'amour, que vos nombreuses qualités seront utiles pour votre futur compagne ou compagnon, que vous êtes vraiment heureux à l'idée de pouvoir partager de beaux moments avec la personne que vous aimez, et tant d'autres points positifs destinés à renforcer votre état d'esprit, tous ces éléments auraient renforcé votre croyance que c'est vraiment ce que vous voulez, et que vous êtes prêt à faire des concessions pour arriver à vos fins. Il y a également toute la dimension de lâcher-prise sur laquelle nous reviendrons dans le troisième chapitre.

Il se peut que, si vous aviez persévéré quelques semaines sur ce site, vous auriez trouvé le grand amour. Ou peut-être que vous auriez eu d'autres opportunités pour le trouver. Des sorties imprévues, de nouveaux contacts, de nouvelles personnes embauchées dans votre société qui vous attirent, etc. Il existe tellement de scénarios possibles ! Tout est possible à partir du moment où vous gardez la foi que vous allez réussir.

En réalité, tant que votre attitude est juste, les faits ne comptent pas. C'est-à-dire que tant que votre état d'esprit est bon, que vous savez que vous faites ce que vous avez envie de faire, que vous avancez en direction de vos désirs, tout en sachant que vous avancez sûrement vers vos buts, alors vous êtes dans un parfait équilibre. Vous l'êtes car vous mettez la pensée, l'état d'esprit et les émotions avant tout le reste. Tant que vous vous sentez bien, vous attirez à vous des circonstances bénéfiques liées à vos objectifs et à ce à quoi vous pensez le plus souvent. Ainsi, vous n'avez pas à vous soucier de la technique, des méthodes et du comment, car tous ces éléments vont naître dans votre expérience naturellement.

Le cas du site de rencontre qui arrive dans votre existence est un bon exemple. Vous l'avez attiré pour une bonne raison et vous saisissez l'opportunité. Jusque-là, c'est un parcours sans faute. Là où il se peut que vous flanchiez, c'est lorsque vous commencez à vous sentir mal car les résultats ne sont pas là assez rapidement. Et je vous renvoie directement au chapitre sur le moment présent où je vous parle de cette fameuse attente du résultat. Le résultat physique n'est qu'une question de temps quand votre attitude est juste.

COMMENT RESTER DANS CET ÉQUILIBRE EN PERMANENCE

Il y a de nombreux facteurs qui entrent en compte dans tout ce processus. A chaque instant de votre vie, vous pouvez recevoir des sollicitations, vous pouvez connaître des difficultés, rencontrer des défis auxquels vous ne vous attendiez pas, avoir des moments plus difficiles, etc. Tous ces éléments ne sont pas toujours faciles à gérer, surtout si vous n'avez pas été habitué à développer un état d'esprit positif en toute situation. Cela fait que vous pouvez perdre confiance, perdre foi en vous, en la vie, et ainsi déséquilibrer la balance d'équilibre de la réussite. Vous devez toujours avoir en tête que vos pensées et vos émotions conditionnent votre existence, et donc que votre état d'esprit et votre attitude sont vos 2 meilleurs alliés, mais peuvent également être vos pires ennemis si vous ne les choyez pas.

Ainsi, chaque fois que vous vous sentez mal dans votre vie, c'est qu'il y a déséquilibre ! Et ceci n'est jamais bon pour vous. Car dès l'instant où vous changez d'attitude, vous envoyez des fréquences vibratoires dans l'univers allant à l'encontre de ce que vous souhaitez voir se matérialiser dans votre vie. Ceci est la loi de l'attraction. Tout ce que vous émettez comme vibration émanant de l'âme, des pensées, des émotions et du corps existe et est émis en permanence. Si vous maintenez l'émission de certaines fréquences, vous obtiendrez dans votre vie des résultats de même nature.

De là l'intérêt de toujours avoir en tête de devoir vous sentir en paix. Être en Paix et bien présent à vous-même est essentiel. Si vous perdez cette connexion à vous-même et à votre intériorité, c'est que vous vous êtes laissé happer par l'émotionnel ou une situation de vie qui ne vous plait pas. Or, rien n'arrive par hasard et si la vie vous sert quelque chose, il y a toujours une raison et cela répond toujours à une nécessité de l'Âme. Il n'y a pas de raison en soi de se sentir mal. Si vous vous sentez mal, ce n'est pas la faute de circonstances extérieures, c'est seulement votre réaction à ces circonstances qui crée le mal-être. Et c'est aussi parce que l'ego veut autre chose que ce que la Vivant offre. Et nous irons plus loin sur ce point avec le second chapitre et la Gratitude.

EXERCICE POUR RÉÉQUILIBRER LA BALANCE

Je souhaite vous proposer une technique pour rééquilibrer la balance et vous permettre de vous sentir bien à nouveau par rapport à ce que vous faites. Paradoxalement, cette technique sert à améliorer votre état d'esprit, soit le côté de la balance qui représente les pensées. Cet exercice est à faire chaque fois que vous vous sentez mal ou moins bien qu'à l'accoutumé. Comme toujours, plus vous vous entrainerez sur un exercice en particulier et plus celui-ci sera porteur de résultats. Ici, vous pourrez obtenir des résultats instantanément sans aucun problème, mais la pratique vous en donnera encore plus. Lorsque vous vous sentez soudainement moins bien, c'est parce qu'un évènement ou une situation semble avoir créé ce phénomène en vous. Or, ce n'est pas vraiment le cas. C'est seulement votre réaction à cette situation qui vous cause du tort. Cela peut venir du fait que vous avez des références passées qui vous ramènent à de sombres souvenirs ou de lourdes mémoires et blessures, et qui vous font vous sentir mal. Et cela peut vous amener à douter du futur car l'évènement en question vient perturber vos affaires.

L'idée ici est de se recentrer sur l'instant présent et sur ses objectifs. Le moment présent sera toujours une solution quand vous vous sentez mal. Il y a diverses façons de se reconnecter au moment présent. Je vais vous en donner une ici, ainsi qu'une astuce, pour vous reconnecter à vos désirs et ainsi vous redonner le sourire. Plus vous vous sentirez bien, plus vous vous sentirez bien. Et plus vous vous sentirez bien et plus vous attirerez à vous de circonstances de mêmes natures et favorables à l'accomplissement de vos désirs. Voici donc l'exercice à faire chaque fois que vous avez une baisse de moral :

1. Arrêtez de faire ce que vous êtes en train de faire et mettez-vous au calme. Il est préférable d'être seul et au calme mais vous pouvez également le faire dans tout autre environnement.

2. Fermez les yeux et reprenez conscience de votre respiration. Faites l'effort de respirer en gonflant le ventre, le sternum et la cage thoracique à chaque inspiration. Faites 3 à 5 grandes respirations comme ceci.

3. Reprenez contact avec votre corps. Sentez-le. Sentez son poids. Sentez la chaise contre votre dos, vos fesses, vos cuisses. Sentez vos pieds sur le sol.

4. Sentez comme votre corps vit de l'intérieur. Sentez votre cœur battre. Sentez votre pouls. Sentez la circulation du sang dans vos veines. Sentez la chaleur de votre corps. Sentez l'énergie circuler dans vos méridiens. Sentez comme votre corps vit et est actif en permanence. Faites cela pendant au moins 2 minutes. Et laissez-vous comme plonger en vous-même et vous installer en votre terre intérieure.

5. A présent, reprenez contact avec vos désirs. Quels sont vos désirs les plus chers actuellement ? Pensez-y. Voyez-les arriver dans votre existence. Sentez-les approcher. Vous savez que le monde est énergie et que les fréquences vibratoires que vous émettez font que vous attirez à vous ce que vous voulez. Reprenez conscience de cela.

6. Laissez monter à vous la joie de voir cela accompli ou en train de s'accomplir. Rien ne peut vous perturber. Vous êtes connecté à vous-même et à l'Univers. Vous sentez que la Vie répond à la loi d'attraction en harmonie parfaite avec l'Âme et votre pleine expression.

7. Vous voilà rééquilibré et vous devriez avoir retrouvé le sourire. Restez en lien avec cette présence et ces sensations.

Rien qu'en lisant les différentes étapes, je suis convaincu que vous êtes convaincu de l'efficacité de cet exercice. Il se peut que vous ayez du mal à rester dans cette énergie par la suite. Mon conseil n'est autre que de recommencer afin de prendre l'habitude d'être dans la bonne énergie, la bonne dynamique.

LE PRINCIPE DE LA GRATIFICATION DÉCALÉE

Je souhaite traiter un dernier point dans ce chapitre de façon brève. Ce principe est celui de la gratification décalée. Il signifie que, dans toute action que vous entreprenez en direction d'un objectif, les résultats ne seront pas immédiats. Et vous devez être prêt à payer le prix de l'effort à attribuer pour arriver à vos fins. Imaginons que vous souhaitiez devenir un médecin. Vous êtes conscient que pour cela, vous allez devoir vous former pendant de longues années. La plupart des jeunes médecins ont fait 7 à 10 ans d'études après le BAC. Vous devez être prêt à faire ces années d'études pour obtenir la récompense. Pour chaque objectif que vous avez, si vous n'êtes pas prêt à en payer le prix, vous allez vous décourager. Vous pouvez alors utiliser des exercices comme celui que je vous ai donné juste avant pour vous refocaliser sur votre objectif, et ainsi vous remettre en équilibre sur la balance. Tout ne tombera pas toujours tout cuit dans votre bouche. Il vous faudra chaque fois agir et maintenir un bon état d'esprit de façon à rééquilibrer la balance. Il s'agit avant tout ici de vivre le moment présent et de ne pas focaliser sur le temps nécessaire pour accomplir quelque chose. Le simple fait d'avancer en direction de ce que vous voulez doit suffire à vous mettre en joie. Ce point de gratification décalée est aussi ce que l'on appelle la croissance par la lutte. La lutte a peut-être cette connotation négative dans votre esprit mais elle signifie simplement que vous devez agir. Et si vous agissez en gardant une attitude correcte, alors de magnifiques horizons s'ouvriront à vous.

A RETENIR DE CE PREMIER CHAPITRE SUR L'ÉQUILIBRE INDISPENSABLE DANS VOTRE VIE

Certains évènements vous perturberont de façon certaine. La mort d'un proche, un échec soudain, la perte d'objets chers, tout cela peut vous impacter émotionnellement. Il est de votre ressort de toujours rester dans la Présence et en lien avec le positif en vous. La Présent est là à chaque instant. Si vous vous sentez mal, perdu ou désaligné, c'est simplement parce que votre regard intérieur s'est laissé happer par l'extérieur et vous empêche d'être simplement ce que Vous êtes et d'exprimer la plus haute version de Vous. Votre rôle est d'être et de rester en équilibre sur la balance de la réussite de façon à ce que vos pensées dominent vos actions. Lorsque vos pensées sont justes et que votre attitude est correcte, alors vous êtes promis à un franc succès, quel que soit votre but et quelle que soit votre situation.

Je souhaite repréciser un élément important au sujet du côté de la balance des pensées et de l'état d'esprit. Cela comprend tout ce qui est autre que l'action. Cela peut être toute pratique spirituelle ou vous permettant d'être bien présent à vous-même, de rester en lien avec l'instant présent, de vous sentir en paix et en joie quelles que soient les conditions extérieures, etc. J'ai utilisé quelques fois le mot « pensées » pour qualifier tout cela, montrant le côté de la balance le plus important. Lorsque vous restez dans cette « énergie/vibration/présence » à chaque instant, l'action devient évidente, facile et fluide. Vous vous sentez inspiré et n'avez plus la sensation de décider, d'impulser et de forcer les choses. Cela se décide à travers vous et c'est impulser à partir de l'Âme en lien avec tout ce qui est. Mais n'oubliez pas que sur ce plan physique, l'action est primordiale. Dieu/L'Univers attend de vous d'agir. Vous êtes ses mains en ce monde. Il ne peut agir qu'à travers vous sur ce plan. Vous êtes infiniment précieux et servez un rôle de création incroyablement beau et puissant. Bien que la part de l'action reste minime en termes d'importance par rapport à la « pensée », elle est obligatoire. Ayez toujours en tête de garder cet équilibre et je vous invite à utiliser l'exercice de ce chapitre aussi souvent que nécessaire. Pour être en harmonie avec la loi d'attraction, vous devez trouver ce point d'équilibre où vos pensées et émotions sont toujours en accord avec ce que vous voulez vraiment. Pensez Sérénité. On ne reçoit ce que l'on désire que lorsque l'on a une confiance absolue en ce que l'on veut et que nos actions sont en alignement avec qui l'on est.

SYNTHÈSE VISUELLE CHAPITRE I

Prenez un moment pour vous imprégner de ce dessin sur la loi de l'attraction et l'équilibre nécessaire à son application.

CHAPITRE 2 :
LA GRATITUDE 2.0

On vous a probablement déjà parlé du pouvoir de la gratitude. Il est certainement très bien comme on vous l'a enseigné. Néanmoins, il est loin d'être utilisé de façon optimale et c'est ce que vous allez découvrir dans ce chapitre. La plupart des auteurs vous parlent de gratitude classique. Remercier pour ce que vous avez depuis toujours, comparer ce que vous avez par rapport aux autres, retrouver la reconnaissance que l'on devrait avoir pour ce qui nous apparaît comme évident au quotidien. Nous allons parler de tout cela car c'est un sujet important mais la gratitude va beaucoup plus loin, et, combinée à la loi de l'attraction, peut vous apporter énormément plus que la simple gratitude dont les enseignants parlent généralement. Vous allez bientôt avoir de l'or entre les mains. Ce genre de pratique et d'attitude intérieure peut bousculer et transformer votre existence afin de n'être plus que paix et joie rayonnante. D'un sujet parfois banalisé, laissons la Gratitude retrouver un temps de Gloire.

LA GRATITUDE 1.0
OU REMERCIER POUR CE QUE L'ON A

La gratitude est l'acte de remercier pour tout ce qui vous arrive dans la vie. C'est-à-dire que vous pouvez faire l'exercice suivant qui consiste chaque jour à remercier pour ce que vous avez vécu dans la journée, ou plus généralement dans votre vie. Cela comprend à la fois qui vous êtes, les situations que vous avez vécues, les nouveaux biens que vous avez obtenus, les expériences nouvelles que vous avez eu la chance de vivre, les personnes que vous avez rencontrées, etc. Vous l'aurez compris, la gratitude consiste à remercier pour un maximum de choses chaque jour. Un exercice très puissant à faire est de remercier par écrit, avant d'aller se coucher chaque soir, pour tout ce dont on est reconnaissant envers la vie. Car la vie nous offre tout un tas de nouvelles expériences chaque jour qui passent inaperçues pour beaucoup, alors que chacun peut révéler des trésors. Si vous avez l'impression que vos journées se ressemblent beaucoup trop, elles sont pourtant complètement différentes. Chaque journée est différente car vous êtes différent et que les autres sont différents. Le monde change en permanence, vous et les autres y compris. La seule constante dans l'Univers est le mouvement et changement permanent. Que vous vous en rendiez compte ou non, vous n'êtes pas la même personne que hier. Vous n'êtes pas la même personne qu'il y a une seconde. C'est la loi de la vie qui veut que tout soit en perpétuel changement car le monde est énergie dans son ensemble. Cela concerne l'énergie qui nous entoure et nous compose. Et donc qui dit énergie, dit vibration et changement dans la matière en permanence. Même la matière paraissant figée est en mouvement, ce n'est que notre perception des objets qui les rendent fixes mais leur nature même n'est jamais figée. Parenthèse sur l'énergie à part, la gratitude 1.0 est une pratique qui consiste à se focaliser uniquement sur le positif. Admettons que vous soyez en période de régime, il est 16h15 et vous venez de faire une pause 4h un peu trop bonne : une énorme tranche de brownie au chocolat... Eh bien, au lieu de voir le craquage que vous avez eu à 4h, vous allez entièrement focaliser sur les 3 repas sains que vous avez mangés. Pensez au plaisir que vous ressentez d'avoir pu manger 3 repas sains, équilibrés, qui vous ont donnés de l'énergie. La part de gâteau, peu importe. Elle ne nous intéresse pas. On ne peut pas toujours tout obtenir d'un coup. Et donc la part de gâteau est probablement un passage obligatoire dans l'instauration d'un mode de vie plus sain pour vous. Alors focalisez vraiment sur votre fierté d'avoir bien fait. Ce que vous pensez avoir mal fait, vous devriez le mettre de côté car tout combat réduira ces efforts à néant. Accueillez simplement qu'il y ait une phase de transition où tout ne soit pas parfait. Vous pouvez vous servir de ces éléments pour améliorer vos comportements et gagner en autodiscipline mais ceci est un autre sujet.

L'objectif de tout être humain est d'évoluer et de se sentir bien. En d'autres termes être heureux. La quête du bonheur apporte tout un lot d'expériences et certaines techniques permettent de s'en approcher sûrement. La gratitude en fait partie et permet de voir le positif chaque jour dans notre vie. Cependant, peu pratiquent la gratitude de façon réellement saine. Tout ce que je vous dis jusqu'à maintenant est bon et applicable dans votre vie. Mais ce n'est que la partie émergée de l'iceberg concernant la gratitude. Et je vais continuer à vous parler de cette partie puisqu'elle est tout de même importante mais nous allons aller plus loin. Vous pouvez donc remercier absolument pour tout dans votre vie. Et le pouvoir de la gratitude vous permet de faire cela quoiqu'il vous arrive. La force de ce pouvoir est de rendre des évènements à priori négatifs en évènements entièrement positifs. Et le processus pour faire cela est simple. Tout ce qui vous arrive dans votre vie arrive pour une bonne raison. Cela survient parce que vous en avez besoin. Alors vous allez me dire que vous vous seriez bien passé de cet accident de voiture, ou de vous être fait voler votre portefeuille la semaine passée, etc. Oui, vous vous en seriez bien passé, j'en conviens. Mais tout arrive pour une bonne raison sur le plan universel et donc en réponse à l'Âme. Si un certain évènement arrive dans votre existence, c'est que Vous (Âme) l'avez attiré à vous. Alors, ce processus ne se fait pas de façon consciente mais vous pouvez toujours tirer une leçon, un enseignement ou une prise de conscience de ce qui vous arrive. Par cela, j'entends que tout évènement positif ou négatif vous sert et peut vous permettre d'avancer vers plus de sérénité et de rayonnement. Un événement vu négativement est le témoin de quelque chose qui ne tourne pas rond en vous. En termes plus concrets, cela signifie que vous avez un blocage énergétique lié à une situation ou un état précis. Tant que ce blocage énergétique est présent, la vie essaiera de vous lancer des signaux pour améliorer cette situation. Or, il est évident que pour éradiquer un problème, vous devez y faire face. Et pour y faire face, vous devez en prendre la responsabilité. Lorsque vous en prenez la responsabilité, vous vous ouvrez de nouveaux horizons car vous pouvez comprendre que ce qui vous arrive, arrive pour une bonne raison et que vous pouvez en tirer quelque chose de bon. Alors vous pouvez sincèrement l'accueillir, aimer cette situation et quitter ce qui doit l'être afin de vous retrouver davantage.

L'objectif de la gratitude est donc de tirer le nectar de chaque moment. En tirant le nectar de chaque moment, vous savez que vous avancez et vous vous dirigez vers une destination qui est en accord avec votre Moi profond. Et qu'arrive-t-il lorsque vous vous focalisez entièrement sur le positif ? Qu'arrive-t-il lorsque, quelle que soit la situation dans laquelle vous vous trouvez, vous savez que vous pouvez en tirer un bénéfice ? Vous allez à la fois attirer plus de positif mais surtout accueillir toute situation comme telle et donc vous sortir de cycle infernal du bien et du mal. C'est la loi de l'attraction qui veut cela. Vous devenez ce à quoi vous pensez le plus souvent. D'une façon plus précise, vous devenez tout ce qui est en lien avec le côté de la balance en lien avec les « pensées ». Ainsi, si vous prenez l'habitude de voir le positif en toute chose, en toute situation, à chaque instant de votre vie, alors vous allez connaître une vie merveilleusement positive.

Je ne dis pas que c'est un exercice facile. Certaines personnes sont tellement habituées à se plaindre et à se focaliser sur le négatif, que ça peut être difficile d'inverser la vapeur. La plupart des gens se remettent rarement en question et préfèrent chercher des excuses et des fautifs plutôt que de prendre leur responsabilité et de reconnaître qu'ils ont tout créé, en cocréation avec tout ce qui les entourent. L'important est de ne pas mettre de tension dans le processus. Cela peut prendre du temps. Neurologiquement, vous créez et défaites des connexions neuronales durant toute votre vie. Si ces connexions neuronales sont liées à des réactions négatives, alors il est normal que vous soyez habitué à être négatif, et à vous sentir mal de façon générale. Or, en faisant l'exercice conscient de vous focaliser sur le positif, vous allez inverser cette tendance. Vous allez peu à peu créer des connexions neuronales liées à des situations positives et les anciennes connexions neuronales s'affaibliront progressivement. L'intérêt de voir le positif est énergétique et chimique. Chimique concernant la création des connexions neuronales. Physique concernant le fait d'être en harmonie avec la loi d'attraction qui consiste à attirer tout ce que vous êtes et vibrez en permanence. C'est ce processus qui va faire que vous allez développer un état d'esprit positif, tourné vers le succès et qui vous apportera tout ce que vous demandez à la vie.

EXERCICES LIÉS AU POUVOIR DE LA GRATITUDE

Exercice numéro 1 : Se forcer

Pendant les jours et les semaines qui viennent, forcez-vous à voir le positif en toute situation. Chaque fois que vous vous sentez mal, déterminez-en la source et cherchez en quoi cette situation pourrait vous être avantageuse. Ceci vous fera développer des connexions neuronales que l'on peut qualifier de « positives ». Effectuer cet exercice vous demandera au début de la concentration et un effort mental assez important. Plus vous le ferez, plus il deviendra automatique et vous n'aurez plus besoin de devoir penser à le faire pour le faire. C'est à ce moment-là que vos nouvelles connexions neuronales auront pris le dessus sur les anciennes, et que vous tirerez le plein bénéfice de vos efforts.

Exercice numéro 2 : Le mutisme

Il se peut que vous ayez la fâcheuse tendance à vous plaindre un peu trop. Or, quand vous vous plaignez, vous renforcez ce sentiment négatif qui vous habite. Pire, vous en faites profiter les autres dont certains entreront en résonnance avec vous. S'ils sont en accord avec ce que vous dites, cela va renforcer ce sentiment et tout le monde va émettre des vibrations négatives tout autour de soi. Alors, votre exercice pour les prochains jours et les semaines à venir est de ne plus vous plaindre. Chaque fois que quelque chose vous dérange, n'en parlez pas, soyez muet comme une tombe ! Même si votre petite voix intérieure vous en veut de ne pas vous exprimer, ne dites rien. Prenez l'habitude de ne plus exercer cet impact négatif sur vous et les autres. Peu à peu, vous ne ressentirez plus le besoin de vous plaindre ou de blasphémer sur un sujet qui vous turlupine. Vous deviendrez un exemple de respect car vous serez toujours focalisé sur les aspects positifs de la vie. De plus, les autres n'oseront plus vous parler de choses négatives car elles sauront que ce n'est pas votre genre de parler de ces choses-là. Ainsi, vous pourrez apprécier chaque instant sans vous soucier des discussions néfastes ou axées sur des faits ou opinions que vous préférez ne pas entendre. Pour aller plus loin dans cet exercice de mutisme, osez mettre de côté votre ego et ne pas polémiquer pour avoir raison. On ne peut changer l'opinion des gens qui ne sont pas prêts à changer. Et ceci est source de conflits. Nous reviendrons sur ce point dans les chapitres suivants, mais gardez à l'esprit qu'il vaut mieux parfois se taire même si l'on pense avoir raison, bien qu'il puisse être hautement profitable d'observer la part de soi qui souhaite avoir raison et être reconnu pour cela. Enfin, tout ceci ne vous empêche pas d'exprimer vos ressentis et vos opinions sur certains sujets. Mais faites-le alors dans un bon état d'esprit, sans émotion désagréable par derrière qui pourraient vous nuire. Je vous recommande d'ailleurs chaudement, si vous en avez la possibilité, d'avoir une personne que vous retrouvez une fois par semaine environ pour simplement dire tout ce que vous vivez, ce qui vous pèse, vos prises de conscience, etc. L'autre fera de même également et cela peut aider chacun à être plus léger, à poser les choses et avoir plus de clarté dans son quotidien.

Exercice numéro 3 : Ecrire un livre

L'exercice de l'écriture consiste à noter chaque jour sur un cahier tous les évènements positifs que vous avez vécus dans la journée. Vous pouvez le faire mentalement mais il aura plus d'impact s'il est fait par écrit car le pouvoir de l'écriture a une vibration plus ancrée et forte dans la matière que l'oral. Alors, votre exercice pour les prochains jours et les semaines à venir est de noter ce pour quoi vous êtes reconnaissant. Et n'hésitez pas à tirer le nectar des évènements à priori négatifs, comme nous l'avons vu précédemment. Cet exercice est très puissant et vous apportera beaucoup. Il est à faire de préférence avant d'aller dormir. Par souci pratique et de temps, vous pouvez le faire mentalement, cela reste efficace.

Exercice numéro 4 : Développer l'attitude du bonheur

L'attitude du bonheur est celle qui vous met dans une énergie positive. Cela concerne des habitudes simples à mettre en place dans sa vie, et qui sont vraiment toutes simples. En voici donc quelques-unes qui ont le pouvoir de changer votre vie du tout au tout.

1. La première de toute est de se tenir droit, tel un conquérant. Les épaules en arrière, le pas décidé. Vous changez littéralement votre état d'esprit quand vous vous tenez comme une personne fière d'être qui elle est, et vous êtes donc naturellement plus positif.

2. Prenez également l'habitude de sourire. Le pouvoir du sourire n'est plus à prouver mais on oublie souvent sa puissance. Les sourires attirent les sourires et vous vous sentirez mieux d'une façon générale en souriant souvent.

3. Habillez-vous de façon à vous sentir bien ! Si vous vous habillés comme un *plouc*, vous allez avoir du mal à vous détacher du regard des autres, et à vous sentir globalement bien.

4. Soyez détendu. Il est prouvé scientifiquement que l'on ne peut se sentir mal si tous nos muscles sont détendus. Alors permettez-vous quelques pauses bienfaisantes dans vos journées ! Reprenez notamment contact avec votre corps et votre respiration de façon à vous recentrer dans le moment présent.

EN BREF

Nous avons fait un bon tour d'horizon du pouvoir de la gratitude. Jusqu'à présent, il est possible que vous connaissiez tout de celui-ci. Vous avez probablement remis à jour certaines informations et fait de belles découvertes que vous allez mettre en place dans votre vie. Et c'est tout le bonheur que je vous souhaite.

Désormais, nous allons passer au véritable secret du pouvoir de la gratitude. La partie qui suit est la raison pour laquelle j'écris ce chapitre. L'essentiel de ce que vous avez à savoir sur les principes de base de la gratitude est ici. Les principes avancés, réservés aux personnes sont profondément heureuses et en harmonie dans les différents domaines de leur vie, arrivent dans la partie suivante.

LA GRATITUDE 2.0

Le pouvoir de la gratitude consiste, comme nous l'avons vu, à se focaliser sur tout ce qui est positif dans notre vie. Or, mon intention est de vous permettre de maîtriser l'art de la Gratitude qui embellira votre existence sur tous les plans et vous donnera tout ce dont vous avez besoin à chaque instant, grâce à la loi de l'attraction. Alors, il est vrai que le fait de se focaliser sur le positif va attirer à vous des situations positives si rien ne fait obstacle en vous. Et ceci est déjà un excellent point et une excellente raison de l'appliquer dans sa vie. Mais nous pouvons aller beaucoup plus loin.

Les personnes qui veulent attirer à elles ce qu'elles veulent ont des désirs, des objectifs, des rêves. Gardez toutefois à l'esprit que ce sont les émotions et l'énergie que déploient en vous vos objectifs qui ont leur importance. Le problème est que ces désirs concernent des choses à venir, des choses qui ne sont pas dans votre vie aujourd'hui. Alors il est difficile d'appliquer le pouvoir de la gratitude à quelque chose que vous n'avez pas. Et qu'en est-il de tout ce qui est négatif, tout ce qui nous met des bâtons dans les roues, tout ce qui nous fait travailler plus que nécessaire, toutes les personnes infectes que nous croisons, toute la malchance qui peut nous arriver ? Pensez-vous pouvoir ressentir de la gratitude pour ces choses-là ? A Priori non lorsque le regard se pose sur la surface des choses en réaction avec les situations qui nous arrivent. Pourtant, là réside le plus grand des secrets.

LA REALITE DE VOS PENSEES

C'est là que nous arrivons à une notion que nous devons éclaircir ce qu'est la réalité de vos pensées. Vous devez bien faire la distinction entre la réalité de vos pensées et la réalité physique que nous connaissons. Vos pensées mènent à des accomplissements dans votre vie. Si votre attitude est juste et que vos pensées sont tournées vers un élément précis, alors vous obtenez l'élément en question dans votre vie. La seule notion qui entre en jeu à ce moment-là est la notion de temps. La matérialisation physique prendra plus ou moins de temps en fonction de la qualité de vos pensées et de la grandeur de votre objectif. La réalité de vos pensées, quant à elle, est valable maintenant. Dès que vous pensez, vous émettez des vibrations dans l'univers et la matière en est modifiée instantanément. Bien évidemment, pour que les changements se fassent sur le long terme, vous devez focaliser sur ces pensées suffisamment longtemps. Voyez-vous donc la différence entre la pensée et la matérialisation physique ? La seule différence est le temps. Dès que vous émettez des pensées, elles existent dans la matière, elles sont valables et elles agissent. La matérialisation physique, quant à elle, ne prendra effet que plus tard et vous ne pouvez véritablement savoir quand. Bien évidemment, je précise que ceci est valable quand vous êtes en alignement entre qui vous êtes et ce que vous voulez. C'est un sujet profond mais d'une façon générale, si vous vous sentez bien avec ce que vous demandez ou voulez et que cela ne part pas d'un manque, alors la loi de l'attraction entrera en action en accord avec ce que vous voulez consciemment. A présent que ceci est clair, j'aimerais vous poser une simple question : « Quelle différence cela ferait pour vous de remercier pour ce qui est en train d'arriver, et de remercier pour ce qui est déjà dans votre vie ? ». Méditez quelques secondes sur cette question. Il n'y a en réalité aucune différence et c'est cela qui fait toute la différence. Je vous rappelle que si votre attitude est juste et que votre demande est clairement formulée, ce que vous demandez arrivera de façon certaine dans votre vie. C'est un principe physique et la loi d'attraction y répond de façon certaine.

REMERCIER POUR CE QUE VOUS N'AVEZ PAS ENCORE

Vous pouvez remercier pour la réalité physique de votre vie, comme nous l'avons vu dans la première partie de ce chapitre. Mais vous pouvez également remercier pour ce qui est en train d'arriver, c'est-à-dire pour ce qui n'existe pas encore dans votre réalité physique. Un des véritables secrets de la loi de l'attraction est de remercier pour ce que vous n'avez pas. C'est de remercier pour vos rêves qui sont en train de se réaliser. Vous avez un rêve ? Vous pensez pouvoir le réaliser ? Vous agissez en direction de ce rêve pour qu'il se réalise ? Si vous pouvez répondre oui à ces 3 questions, alors vous êtes en mesure de remercier pour ce que vous n'avez pas dans votre réalité physique. Mais vous l'avez dans un autre monde que l'on peut nommer monde énergétique, subtil ou quantique. Car tout est énergie en ce monde. Absolument tout. Et donc le fait de remercier pour quelque chose sur lequel vous êtes en train de focaliser mais qui n'est pas encore dans votre réalité physique prend tout son sens. A partir du moment où vous remerciez pour ce qui est en train d'arriver, vous vous mettez dans un niveau d'énergie tel, que la matérialisation physique devient beaucoup plus courte car la puissance de vos émotions est plus forte. Bien évidemment, pour pouvoir faire cet exercice de gratitude concernant ce qui est en train d'advenir dans votre vie, vous devez être équilibré sur la balance d'équilibre de la réussite...

FAITES « COMME SI »

C'est également le même principe qui consiste à se mettre dans l'état d'esprit de faire comme si on était déjà en possession de ce que l'on n'a pas physiquement. Si vous pouvez faire *comme si*, vous pouvez remercier pour cela. Et ce processus fonctionne si vous avez un désir puissant de réaliser un objectif qui est atteignable pour vous. Encore une fois, nous mettons de côté la notion de temps car elle n'a pas sa place dans la loi de l'attraction. Ce qui compte est la validité de vos pensées, et des émotions que vous associez à vos désirs. Le temps est une illusion. Nos cinq sens ne nous permettent pas de voir nos pensées. Ce n'est pas pour autant qu'elles n'existent pas. Si vous pouvez faire abstraction du fait que vous ne possédez pas encore ce sur quoi vous focalisez votre attention, et que vous pouvez d'ores et déjà commencer à remercier pour le fait que c'est en train d'arriver, vous avez déjà gagné ! Je vais reparler de ce principe très important dans le chapitre sur le moment présent. Le temps est votre ennemi principal si vous êtes trop terre à terre. Les gens qui disent « *je ne crois que ce que je vois* » ne pourront jamais comprendre la loi de l'attraction. Il vous faut absolument vous détacher de cette idée qui limite énormément. Remerciez pour ce que vous voulez qui arrive dans votre vie. Sentez-vous bien à l'idée de recevoir de la vie ce que vous voulez. Soyez heureux avant même d'avoir ce que vous convoitez.

DONNER POUR RECEVOIR

Tout ceci est aussi le fameux principe de donner pour recevoir. Si vous attendez d'avoir telles et telles choses dans votre vie pour être heureux, vous ne serez jamais heureux. Ou alors de façon très éphémère. Si vous devenez heureux avant d'avoir ce que vous voulez, d'une, vous recevrez ce que vous voulez, et de deux, vous serez heureux tout le temps. Ceci est le secret caché de la gratitude. Remercier avant de recevoir *physiquement* ce que vous voulez. En réalité, à l'instant même où vous émettez des pensées positives dans l'univers liées à vos objectifs, vous avez déjà reçu ce que vous demandez. Si vous ne mettez pas de frein entre ce moment et la matérialisation physique de votre requête, alors il ne fait aucun doute que vous obtiendrez ce que vous voulez *physiquement*. Je vous invite à reprendre l'exercice numéro 3 vu au début de ce chapitre sur le fait d'écrire dans un cahier les choses pour lesquelles on est reconnaissant. Mais cette fois-ci, vous pouvez y inclure les choses qui sont en train d'arriver dans votre vie, c'est-à-dire, ce sur quoi vous choisissez de focaliser.

LA GRATITUDE INCONDITIONNELLE

Osho dit « *On devient un bouddha le jour où l'on accueille avec gratitude tout ce que la vie nous apporte.* ». Entendez que cela ne demande aucune participation mentale à dire merci à tout ce qui vient. C'est un état intérieur qui accueille sans ego, sans personne aux commandes. Il s'agit donc de pouvoir être Gratitude à chaque instant pour tout ce qui est sans distinction de bien ou de mal.

Pratique de la gratitude inconditionnelle

Ce n'est pas une pratique mentale comme la gratitude classique. C'est un état intérieur. Se centrer sur les choses pour lesquelles on éprouve de la gratitude peut aider à se connecter à cet état mais cela peut aussi nous en détourner. Lorsque l'on ne remercie que le positif, on fuit le négatif et cela vient renforcer la dualité dans notre vie. Et c'est OK, chacun vient en faire l'expérience ici-bas. Mais peut-être aspirez-vous à l'Unité et non à la dualité aujourd'hui.

Il n'y a pas vraiment de pratique afin de vivre la Gratitude pour tout ce qui Est. Cela demande un dépouillement intégral de chaque instant. Cela demande de quitter toute attache au monde de la forme pour laisser l'Âme aux commandes et le Souffle Vivant souffler à travers chaque cellule et tous les corps. Ainsi la Paix intégrale se révèle et la Gratitude Inconditionnelle avec.

Prière de gratitude inconditionnelle

Voici une prière issue du livre « Conte du frémissement de la liberté » par Jean-Philippe Faure, faisant partie de mes livres préférés.

Je te remercie, ô Shiva, pour ce que tu ne me donnes pas. Je te suis reconnaissant de ne pas exaucer mes vœux, de ne pas répondre à mes prières et de te taire face à mes suppliques. Je te remercie pour ma pauvreté, je te remercie pour ma misère. Je te remercie de me laisser le temps pour opérer la maturation, qui m'est nécessaire, par l'alchimie de la souffrance.

Merci de respecter le rythme des humains par ton silence. Merci de favoriser le lâcher-prise, grâce à la durée de nos attentes. Merci d'aider nos mains à s'ouvrir grâce à la fatigue et à l'usure

J'aspire maintenant à ne plus rien te demander. Afin que ma prière ne soit plus que l'expression de ma gratitude. Afin que mon remerciement survienne comme le mouvement de la respiration. Afin que la puissance de la vie emporte tout calcul dans l'intensité de son courant.

Remercier pour tout ce qui est beau et pour ce pour quoi vous êtes reconnaissance dans votre existence est un exercice chouette à faire pour cultiver de belles pensées et un état d'esprit positif. Mais il arrive un temps où vous quitterez cela pour entrer dans la Toute-Présence. Ainsi Gratitude Est pour tout ce qui est. Je Deviens Gratitude car Je Suis le Vivant. Plus de séparation entre moi, ce que je vis, la source de ce qui m'est donné, les autres... Je Suis tout ce que Je Suis, sans distinction en Essence. Seule la forme diffère et donne l'illusion d'une différence. Je Suis Gratitude car il n'y a que Moi de tout temps et de toute éternité. Simplement revenir à Qui Je Suis. Revenir à l'Humilité Véritable permettant le Grand Saut, la grande Soumission, le Service Intégrale et inconditionnel. Ainsi Gratitude Est pour tout ce qui Est. Sans condition.

Tout est prétexte pour Se Retrouver. Ne lisez pas avec le mental et le regard humain qui ne peut comprendre cela. Il verra toujours des guerres, des malades, des virus. Il verra toujours de la colère, de la tristesse, des blocages. Là n'est pas l'essentiel. Ces manifestations n'existent que pour Nous Retrouver. Cela doit à un moment donné choquer pour quitter la surface des choses et entrer dans un autre espace intérieur, retrouver la Source en Nous.

Enfin, la Gratitude inconditionnelle comprend aussi tous les aspects que vous pouvez juger comme négatifs car ces derniers ne sont que des miroirs de ce qui n'est pas en Paix en vous. Chaque émotion désagréable, chaque expérience négative, chaque conflit relationnel, est une opportunité d'explorer ce qui fait obstacles en vous à votre pleine expression. Vous pouvez ressentir de la Gratitude pour cela et simplement accueillir chaque expérience de vie comme un cadeau extraordinaire. Vous ne savez jamais ce qu'il va délivrer et l'ouvrir fait souvent peur et peut mettre en colère. Pourtant derrière l'emballage se trouve toujours un trésor qui vous attend.

CONCLUSION DE CE CHAPITRE SUR LA GRATITUDE

L'intention est que la Gratitude émane naturellement de vous pour simplement la Vie qui vous traverse à chaque instant, qui vous élève et embellit toujours davantage ce qui vous entoure. Remerciez pour ce que vous avez. Remerciez pour ce que vous êtes en train d'obtenir. Devenez Gratitude pour tout ce qui est. Et vous allez attirer à vous toujours plus de circonstances liées à cela. Retenez bien que vos pensées sont énergie et existent dans la matière. C'est ce phénomène qui fait que la loi d'attraction attire à vous des circonstances de même nature. Vous pouvez alors remercier pour ce qui est en train d'arriver à partir du moment où votre attitude est juste et que vous avez un objectif clair sur lequel focaliser. Le sentiment de gratitude possède une fréquence vibratoire très élevée et plus vous l'appliquerez, plus vous attirerez de la magie dans votre vie. Vous pouvez être reconnaissant pour tout et quoi que ce soit dans votre vie. Vous pouvez être reconnaissant à chaque instant pour ce qui est, pour le passé, pour ce que vous savez être en train d'arriver. Cela concerne vos rêves. Peu importe quand et comment ils se matérialiseront. Vous pouvez exprimer de la gratitude par rapport à la nature, à la société, à un beau lever de soleil, un bon sommeil, un bon repas, un sourire, une personne, etc. Et également pour toutes les épreuves qui vous ramène à davantage d'Harmonie en vous-même si cela est perçu négativement dans un premier temps. Il peut également ne pas y avoir d'objectif ni de vision et simplement vivre ce présent dans le Paix. Alors la Paix s'amplifiera naturellement.

SYNTHÈSE VISUELLE CHAPITRE 2

Prenez un moment pour vous imprégner de ce dessin sur la Gratitude

CHAPITRE 3 :
LOI DE L'ATTRACTION ET MOMENT PRÉSENT

Vous êtes peut-être dans le cas où vous avez essayé d'utiliser la loi de l'attraction mais vous n'arrivez pas à avoir des résultats à la hauteur de vos espérances. Je vais vous donner dans ce chapitre un des éléments les plus importants à connaître pour que vous partiez sur les bonnes bases.

J'ai mis longtemps avant de comprendre ce secret qui m'a été enseigné par des voies différentes. C'était comme un puzzle, dont j'avais toutes les pièces, mais sans arriver à les assembler.

Je vais vous donner ce puzzle exactement comme il s'est finalement assemblé dans mon esprit. Il se peut que vous ne le compreniez que partiellement dans un premier temps. Tout comme cela a été le cas pour moi. Peut-être le comprendrez-vous directement et que cette révélation, ce secret, fera de vous quelqu'un de nouveau.

Ce secret vous permettra, avec la pratique, de mettre en place les bases fondamentales pour obtenir tout ce que vous voulez de la vie. A partir du moment où ces bases sont en place dans votre vie, tout commence à changer pour vous. Tout commence à devenir plus beau. Tout paraît possible car votre état d'esprit est sain et vos habitudes sont bonnes.

Dans ce chapitre, nous allons voir précisément l'importance du moment présent par rapport à la loi de l'attraction. D'un côté, la loi de l'attraction nous demande de focaliser sur un objectif, un rêve qui se situe donc dans le futur. De l'autre, le moment présent nous enseigne à vivre ici et maintenant si l'on veut être heureux.

La réponse à cette équation, qui peut paraître complexe, est plutôt simple quand on l'a sous les yeux. Mais, comme toujours, pas si facile à maîtriser. Vous allez donc découvrir la clé de cette équation qui vous emmènera là où peu sont allés. Et cette clé pourra faire toute la différence dans votre vie et notamment dans votre capacité à utiliser la loi de l'attraction à votre avantage.

LE POUVOIR DU MOMENT PRÉSENT

Faisons un point tout d'abord sur la philosophie du moment présent. Vivre le moment présent signifie très clairement de vivre ici et maintenant sans prendre en compte votre passé et votre futur. Alors, cela vous semble peut-être absurde car vous êtes physiquement dans le présent en permanence. Mais mentalement, c'est une autre histoire.

Votre esprit a tendance à vagabonder dans le passé et le futur jusqu'à ce que vous ne vous rendiez même plus compte que vous faites certaines choses. Vivre le moment présent c'est ça. C'est être et faire maintenant. Et perdre le moment présent, c'est perdre l'Etre. En d'autres termes, vivre le moment présent, c'est être libéré de l'emprise du temps.

Le temps nous est néfaste dans le sens où notre état d'esprit dans le moment présent peut être perturbé par le passé ou le futur. Le moment présent exclu littéralement le futur et le passé. Quand vous êtes pleinement dans le moment présent, vous adoptez alors un œil objectif et neutre sur tous les évènements qui vous arrivent. Vivre le moment présent vous permet alors d'être heureux, quoi qu'il arrive. Cela ne vous empêche pas de pouvoir être attristé par des évènements, mais, sans prendre de repères dans le passé et sans imaginer les conséquences dans le futur, ces émotions s'évanouissent très rapidement.

Certaines personnes trainent de lourds bagages dans leur esprit toute leur vie. Cela pèse sur elles. Elles sont toujours en contact avec ces éléments et pensent aux futurs désagréments qu'ils vont leur faire subir. Il est absolument impossible de vivre bien dans ces conditions. Simplement impossible.

Pour être clair, le positif et le négatif n'existent que dans votre esprit. La réalité <u>est</u>, tout simplement. Une personne pourra trouver tel évènement positif, alors que vous le trouveriez détestable, et réciproquement. A partir du moment où vous êtes alors dans le moment présent, le positif et le négatif n'existent plus, et vous pouvez donc simplement apprécier le monde et la Vie tels qu'ils sont. Et quand on ose regarde le monde avec ce regard-là, tout devient merveilleux.

Eckhart Tolle raconte d'ailleurs dans son livre "*Le pouvoir du moment présent*" qu'il a passé 2 années de sa vie sur un banc dans le même parc en étant heureux. Impensable non ? Pourtant en étant pleinement dans le moment présent, il a pu mettre de côté ses erreurs du passé et son futur hypothétique. Il vivait. Il était. Tout simplement

Car la clé est bien là : Les soucis et peurs que vous causent votre futur et les peines et regrets que vous causent votre passé n'existent pas dans le moment présent. Vous pouvez alors vivre chaque instant comme un cadeau. Vous pouvez vous émerveiller d'une fleur ou d'un rayon de soleil et vous pouvez être heureux en lavant la vaisselle.

Dans le moment présent, il n'y a alors plus de peurs, de doutes, de confusions, de regrets, de culpabilité, etc. Tout s'évanouit pour laisser place aux délices de la vie. Pour ceux qui ont tendance à forcer sur la boisson ou autres anesthésiants comme la drogue, le sexe, le sucre, le shopping ou la télévision, être dans le moment présent vous permettra d'être bien plus heureux sans avoir à consommer en excès ces choses-là.

Voici une bonne introduction à ce qu'est le moment présent et son véritable intérêt dans nos vies. Voyons désormais la loi de l'attraction qui semble aller à son encontre sur plusieurs points.

PRÉCISIONS SUR LA LOI DE L'ATTRACTION

La loi de l'attraction est une loi physique prouvée scientifiquement. Elle permet d'obtenir tout ce que l'on veut de la vie grâce aux pouvoirs de la pensée. Le principe clé qu'a énoncé Napoleon Hill dans son célèbre livre « *Les lois du succès en 16 leçons* » est le suivant : « *Tout ce que l'esprit peut concevoir et croire, il peut le réaliser* ». Toute personne qui comprend ce principe et en applique toute la sagesse pourra absolument tout obtenir dans sa vie.

La loi permet alors d'attirer à soi toutes les circonstances favorables à l'accomplissement de nos rêves et objectifs. Elle nous demande de nous focaliser sur nos rêves qui seront notre futur si l'on applique correctement les principes de cette loi. Globalement, la loi nous invite à nous focaliser sur nos rêves et à adopter une attitude juste afin que ces rêves deviennent réalité dans notre vie.

Avec la loi de l'attraction, nous vivons donc dans le futur puisque nos objectifs sont loin de nous ! Cela semble très dérangeant par rapport à ce que l'on sait sur l'importance du moment présent. C'est sur ce point que nous allons faire la lumière dans ce chapitre.

MOMENT PRÉSENT VS LOI DE L'ATTRACTION

Vous avez probablement compris que la clé que je veux vous transmettre ici est : comment concilier moment présent et loi de l'attraction. En réalité, ils fonctionnent complètement ensemble. Le problème, c'est le manque d'information de l'immense majorité des gens sur la loi de l'attraction. Ce problème fait que beaucoup n'arrivent pas à l'appliquer et continuent à attirer ce qu'ils ne veulent pas ou plus.

La clé est la suivante :

Pour que la loi de l'attraction fonctionne, vous devez vivre dans le moment présent

Et je vais m'expliquer sur ce point, bien entendu.

Certes, la loi de l'attraction consiste à se focaliser sur ses rêves. Mais cela ne signifie pas de vivre dans le futur, loin de là. Quand on vous dit de focaliser sur un objectif, un rêve ou un désir, c'est dans l'intention de vous faire émettre des fréquences vibratoires spécifiques. En d'autres termes, vous allez émettre des émotions en adéquation avec votre objectif.

Car l'intérêt est là. Vous devez vous sentir bien tout de suite, dans l'instant présent, afin que votre futur devienne meilleur. D'où l'intérêt d'avoir un objectif qui vous donne véritablement envie de le réaliser, qui fasse naître en vous un désir ardent.

Pour cela, je vais vous donner 3 règles à respecter. Et si vous ne respectez pas l'une d'entre elles, votre capacité à attirer ce que vous voulez dans votre vie est compromise ! Cela ne signifie pas que vous n'y arriverez pas si vous ne flanchez que sur une d'entre elles. Mais vous imaginez aisément que ce sera plus difficile pour vous.

RÈGLE NUMÉRO 1 : VOUS METTRE AU CLAIR AVEC VOTRE PASSÉ

Le passé ne doit pas avoir d'impact sur vous. Vous devez absolument vous mettre au clair sur le fait que le passé appartient au passé et ne doit pas avoir d'impact sur votre état d'esprit d'aujourd'hui. Si votre passé comprend des tonnes d'évènements et de souvenirs positifs, alors gardez cette énergie pour vous motiver dans vos projets. Si au contraire, vous y trouvez principalement des regrets, de la colère, de la frustration, de la peur, des remords et j'en passe, alors jetez tout ceci à la poubelle. Mettez-vous au clair avec vous-même !

Si vous vivez dans le passé, votre futur ressemblera à votre passé et à votre présent. Tout sera toujours pareil pour vous. Toujours. Alors, osez remettre en doute tout ce que vous avez vécu jusqu'à maintenant, et repartez comme une nouvelle personne. Une nouvelle personne pleine d'assurance, pleine d'envie de réaliser ses rêves, pleine d'envie d'améliorer sa vie sur tous les plans chaque jour.

Retenez que rien de ce que vous avez pu faire ou vivre n'est grave. La gravité n'est qu'une affabulation de l'esprit. Donc, de façon objective, rien de ce qui ne s'est passé n'a vraiment d'importance. Vous avez simplement un devoir de mémoire qui vous sert à comprendre et à ne pas recommencer les erreurs du passé. Et à partir du moment où cela devient des leçons de la vie, ces événements deviennent positifs pour vous.

RÈGLE NUMÉRO 2 : DÉVELOPPER UNE ATTITUDE IRRÉPROCHABLE DANS LE PRÉSENT

En lisant ces lignes, vous êtes précisément en train de prendre un engagement avec vous-même. Cet engagement n'est autre que de vous promettre une seule chose : Faire de votre mieux chaque jour, à chaque instant, pour améliorer votre vie. Vous allez donc donner tout ce que vous avez à donner afin que votre futur tende vers les objectifs que vous vous êtes fixés. Bien évidemment, vous devez vous fixer ces objectifs auparavant. Et ne soyez pas trop gourmand dans un premier temps. Ne choisissez qu'un seul objectif sur lequel vous allez focaliser. Ensuite, c'est à vous de tout donner pour qu'il devienne réalité. Vous vous devez cela. Vous devez cela à la vie. Vous devez cela à toutes les personnes qui vous apprécient.

Donnez le meilleur de vous-même, et vous deviendrez meilleur. Donnez de votre temps, donnez de votre argent intelligemment, donnez de votre personne afin que tout ce que vous entrepreniez soit bien fait, et surtout fait sans regret. Quand vous donnez tout de vous sur une tâche, vous ne pouvez rien regretter car vous avez donné votre maximum. A partir de là, il serait stupide de s'en vouloir d'avoir failli quelque part. Ce serait vous mettre des bâtons dans les roues inutilement et ignorer les leçons que vous pourriez en tirer.

Une nouvelle fois, vous devez toujours vous sentir bien ici et maintenant. S'il arrive certains moments où ce n'est pas le cas, forcez-vous à changer votre état d'esprit et à redevenir positif. Cherchez le positif à une situation même si elle vous paraît négative à priori. Bien évidemment, les objectifs sur lesquels vous focalisez doivent vous faire émettre des émotions positives, et non des émotions liées au manque ou à la frustration.

RÈGLE NUMERO 3 : N'ACCORDEZ PLUS D'IMPORTANCE AU FUTUR

Cette dernière règle est probablement une des plus difficiles à appliquer et à comprendre. D'un côté, je vous demande de focaliser sur vos objectifs et de l'autre de ne pas accorder d'importance au résultat.

Une des plus grandes fortunes américaines avait pour coutume de dire « *I care, but not that much* », ce qui signifie *grosso modo* « *Cela me tient à cœur, mais pas tant que ça* ». Cela signifie que vous devez avoir un véritable intérêt à vouloir réaliser vos objectifs mais vous devez également pouvoir vous détacher du résultat. Et la raison en est la suivante. Si vous accordez trop d'importance au résultat, vous allez à coup sûr penser aux possibilités qui s'ouvrent à vous : la réussite ou l'échec. Or vous n'allez pas vouloir de l'échec bien que celui-ci puisse vous être encore plus bénéfique que la réussite à certains moments de votre vie. Vous ne pouvez agir sur le futur, alors n'essayez pas de contrôler les résultats. Car à partir du moment où vous pensez au résultat et à la possibilité de perdre, vous allez émettre de mauvaises vibrations et votre état d'esprit s'en trouvera modifié de façon négative.

Cette leçon, j'ai payé cher pour la connaître, la comprendre et l'assimiler. Pendant une période de ma vie, j'ai eu la chance de participer à des compétitions sportives de haut niveau dont je vous passe les détails ici. Lors d'une de ces compétitions, j'étais donné favori par tous les pronostics, je semblais même au-dessus du lot. Cela me semblait facile. Pourtant, alors que j'étais parti pour briller, je me suis écroulé à la fin de la compétition pour finir au pied du podium. Quand on est persuadé que l'on va obtenir quelque chose et qu'on vous l'enlève au dernier moment, cela peut faire très mal. Et ça a été mon cas cette année-là. L'erreur que j'ai faite a simplement été d'être bien trop attaché au résultat. Je m'y suis tellement attaché que lorsque la pensée de pouvoir perdre a surgi dans mon esprit, je me suis littéralement écroulé. Comme si on vous tirait une flèche dans le dos ou que vous preniez une tuile sur la tête. Ce n'est pas prévu et ça arrive sans qu'on n'ait rien demandé. Quand cette pensée est arrivée à mon esprit, j'étais complètement déconnecté du moment présent. Je ne me sentais plus bien avec mon objectif. Je me sentais mal car je voyais les doutes et la peur s'installer en moi. La vie a décidé de ce moment pour me donner une claque et une belle leçon à assimiler. Je suis très reconnaissant de ce moment puisque malgré la perte du trophée, des gains et de tout ce qui s'en suit, j'ai pu comprendre un point essentiel de comment arriver à ses fins quoi qu'il arrive.

La clé à retenir est donc la suivante : focalisez-vous entièrement sur le fait de vous sentir bien dans le présent. La seule variable temporelle sur laquelle vous pouvez agir est MAINTENANT. Vous ne pouvez pas changer le passé et ce qui arrivera dans le futur n'est pas de votre ressort ! Vous pouvez simplement tendre dans certaines directions qui représentent vos objectifs et agir sur votre vie maintenant ! Agir maintenant, c'est se forger un état d'esprit positif et inébranlable, avec lequel vous allez donner le maximum de vous-même à chaque instant pour arriver à vos fins.

Votre seul objectif est de vous sentir bien maintenant. Et lorsque vous respectez le principe clé de la loi de l'attraction qui est, je vous le rappelle, « *Tout ce que l'esprit peut concevoir et croire, il peut le réaliser* », vous vous sentez bien. La raison en est que vous avez un objectif qui vous donne envie de le réaliser, et que vous pouvez croire en sa réalisation dans votre vie.

En d'autres termes, vous devez vous sentir bien maintenant lorsque vous pensez à vos objectifs. Si, lorsque vous pensez à vos objectifs, vous vous sentez bien ici et maintenant, alors vous avez tout compris. Toutefois, gardez à l'esprit que la manifestation physique de ce que vous voulez viendra naturellement et que vous n'avez pas à vous en soucier. Votre seule tâche est de maintenir un état d'esprit correct de façon à toujours focaliser sur ce que vous voulez vraiment et, de façon indirecte, sur le fait de vous sentir bien ici et maintenant.

FAITES DE CES 3 RÈGLES DES HABITUDES DANS VOTRE VIE

Ce qui va véritablement faire la différence pour vous, c'est de vous forger de nouvelles habitudes. A partir du moment où votre état d'esprit change, vos habitudes changeront. Mais vous pouvez également forcer le processus en changeant intentionnellement vos habitudes afin de renforcer votre nouvel état d'esprit. Et je vous invite grandement à le faire. Le dicton dit : « *Savoir et ne pas faire n'est pas savoir* ». Sans pratiquer, vous risquez de revenir à votre état initial sans avoir pu goûter aux fruits de ces savoirs accumulés.

En fin de compte, le principe clé à retenir de ce chapitre est que vous devez vous sentir bien ici et maintenant si vous souhaitez être heureux et obtenir ce que vous voulez de la vie facilement. Mais le concept du moment présent peut être très abstrait à première vue. C'est pourquoi, j'ai développé ces 3 règles à appliquer dans votre vie et qui peuvent devenir de nouvelles habitudes pour vous.

Premièrement, prenez l'habitude de ne pas penser au passé. Car votre passé n'a rien à faire avec votre présent et votre futur. En revanche, vous pouvez vous en servir intelligemment en vous relatant des évènements positifs, et en gardant en mémoire les leçons que vous en avez tirées. Le principe d'ancrage, que l'on trouve en PNL, permet de tirer tout le profit d'un évènement positif passé. L'objectif est de vous souvenir d'un moment où vous vous sentiez merveilleusement bien, et de reproduire dans le moment présent les sentiments que vous ressentiez afin de vous motiver. Le tout est généralement associé à un geste (le poing levé par exemple) ainsi qu'un son (« Yes !! ») pour vous mettre dans cet état d'énergie que vous avez ressenti dans le passé. Néanmoins, ceci est une technique de motivation, et il n'est en rien une justification pour laquelle vous pouvez ressasser le passé. Ressasser le passé ne vous donnera jamais rien de bon si vous ne dirigez pas intentionnellement vos pensées sur des évènements positifs. Alors, prenez l'habitude de vous focaliser sur l'instant présent, de regarder autour de vous comme si vous étiez un nouveau-né, de sentir les odeurs autour de vous, de sentir l'air, le vent, le soleil sur votre visage, sur votre peau, de sentir ce contact avec la Terre, avec la Vie elle-même, avec le Ciel. Ainsi, le passé n'aura plus d'emprise sur vous. Et si vous sentez votre esprit partir, vagabonder, alors reprenez conscience de vous-même, de votre environnement, ressentez tout ce qui vous entoure avec vos 5 sens de base. Le passé pourra bien évidemment vous servir de base d'expérience également mais uniquement dans un cadre positif. Si c'est pour vous relater vos échecs et vous appuyer dessus pour construire dans le présent, je ne vois pas la valeur ajoutée à cela.

Enfin, prenez l'habitude de donner le maximum de vous-même dans le présent, pour que votre futur devienne meilleur. Ce n'est pas en gardant votre esprit focalisé sans cesse sur le futur que vous allez l'améliorer. Il est bon de se focaliser sur ses objectifs. Mais, le seul but à cela est de se sentir bien dans le moment présent car vos objectifs vous motivent, car vous sentez que vous vous en approchez, et car vous méritez ce succès qui vous tend les bras.

Ne commettez pas l'erreur de vouloir contrôler ce qui va arriver dans votre vie car c'est l'erreur que font beaucoup de gens. Le fait de vouloir contrôler les évènements qui vont arriver dans votre vie peut vous faire penser en termes négatifs. Vous pouvez focaliser sur l'objectif de gagner dix mille euros par mois, mais si vous commencez à penser qu'il y a un risque que vous n'y arriviez pas, alors vous allez ressentir des émotions négatives dans le présent. La raison en est que ces émotions seront reliées au manque de ces dix mille euros, et non pas à l'euphorie de les obtenir. Et cela va vous faire attirer précisément des évènements de la même nature. Il arrivera le même phénomène si vous cherchez à savoir comment obtenir dix mille euros par mois, alors qu'il n'y a aucune raison apparente que cela arrive. Si cela vous arrive, c'est que vous êtes du mauvais côté de la balance d'équilibre de la réussite car vous mettez l'action avant la pensée.

Votre objectif est tel qu'il est. Votre seul devoir est de tout faire dans le moment présent pour qu'il devienne réalité. Vous n'avez pas à penser en termes de résultat. Si vous faites tout votre possible dans le moment présent pour tendre vers vos objectifs, vous tendrez vers eux de façon certaine. Vous ne pouvez rien regretter à partir du moment où vous vous donnez corps et âme à l'accomplissement d'un but. Néanmoins, vous devez toujours avoir à l'esprit votre objectif, ses bénéfices et pourquoi vous souhaitez le réaliser. Tant que tous ces éléments vous font vibrer, vous êtes assuré d'un succès florissant.

Je ne le répèterai jamais assez, une des clés majeures de la loi de l'attraction est de se sentir bien ici et maintenant ! Toute pensée positive, toute émotion positive, toute action en direction de votre objectif, tout ceci en accord avec vos valeurs et ce que vous voulez vraiment dans la vie, sera un pas de plus vers votre objectif, vers vos rêves. En un mot, vivez ! Vivez et vous accomplirez de grandes choses.

CONCLUSION DE CE TROISIÈME CHAPITRE SUR LA LOI DE L'ATTRACTION ET LE MOMENT PRÉSENT

Je vous disais au début de ce chapitre que la solution pouvait ressembler à un puzzle dont vous avez toutes les pièces sans arriver à les assembler. Autant vous dire que certaines pièces du puzzle m'ont donné du fil à retordre à moi aussi.

Aujourd'hui, prenez comme une chance d'avoir accès à ces enseignements car ils peuvent faire la différence dans votre vie, si vous les appliquez consciemment. Bien évidemment, le sujet de la loi de l'attraction comprend d'autres aspects, mais j'ose dire ici que le sujet traité dans ce chapitre est probablement le plus important. Quand on comprend ce qui se cache derrière le moment présent couplé à la loi de l'attraction, tout devient plus clair.

Retenez que vous ne pouvez agir que sur une variable temps : le présent ! Ainsi, tant que vous vous sentirez bien dans le moment présent et que vous agirez en direction de vos objectifs, tout se passera à merveille pour vous. Les résultats viendront à vous progressivement. Il vous suffit d'être patient, et surtout persévérant. N'oubliez pas que, en fonction de vos objectifs, le prix à payer peut être élevé avant d'arriver au Graal.

Un dernier mot dans ce chapitre, n'essayez pas de contrôler ce qui va vous arriver. En focalisant sur ce que vous voulez, vous tendez de façon certaine vers ce que vous voulez. Mais en aucun cas vous ne maîtrisez les événements qui arrivent. Soyez donc détaché du résultat. Seule votre focalisation sur le fait de vous sentir bien dans le moment présent a de l'importance. Et pour cela, focaliser sur des objectifs qui nous font nous sentir bien fait parfaitement l'affaire.

En bref Seul le moment présent existe, à chaque instant, à chaque saison. La beauté est en chaque moment et chaque instant est unique, répondant à un besoin. Nous vivons à chaque instant dans le moment présent et quel que soit l'état de nos sentiments intérieurs et de ce qui nous arrive, on peut toujours se reconnecter à qui l'on est et ressentir la joie d'être. Votre mission est de vous sentir bien ici et maintenant et à chaque instant. Cela vous fera émettre les vibrations nécessaires à la matérialisation de ce que vous voulez vraiment.

SYNTHÈSE VISUELLE CHAPITRE 3

Voici une illustration pour vous imprégner du moment présent

CHAPITRE 4 :
LES RELATIONS GAGNANTES
ENTRER DANS LES CERCLES DES
PERSONNES QUI VOUS FERONT
GRAVIR LES ÉCHELONS DU SUCCÈS

Il est très difficile d'atteindre le succès seul. Les personnes à succès sont généralement soit des génies, soit des personnes qui ont su se créer un réseau efficace. Mais qu'est-ce qu'un réseau efficace ?

OK, vous pouvez connaître beaucoup de monde et avoir plein d'amis. OK, vous pouvez avoir la possibilité d'être mis en relation pour des contacts professionnels. OK, vous savez comment tisser un réseau et l'utiliser. Mais vous connectez-vous avec les bonnes personnes ? Et de la bonne façon ?

De nos jours, on parle de réseau comme on parle d'un outil professionnel pour arriver à nos fins. De nombreux réseaux sociaux ont vu le jour et nous facilitent la tâche. Mais pas tant que cela finalement. Et la raison en est simple.

Construire son réseau n'est pas quelque chose de si facile que cela. Or, les réseaux sociaux nous démontrent l'inverse. Le problème est que l'on va souvent faire un ciblage très léger et entrer en relation avec quasiment n'importe qui.

Mais le but du jeu est-il d'être celui qui a le plus d'amis ? Ou celui qui en a peu mais qu'il peut activer à tout moment pour obtenir ce qu'il veut ?

Alors je tiens à poser des limites de ce que je viens d'écrire ci-dessus. Construire son réseau n'est pas de la manipulation. Si vous ne fournissez pas des efforts sincères pour vous intéresser aux personnes avec qui vous entrez en contact, vos relations ne seront pas génialissimes.

Votre objectif dans ce chapitre est de vous connecter avec les personnes qui peuvent véritablement vous apporter quelque chose par rapport à ce que vous voulez. Des personnes en harmonie avec votre vibration.

Les personnes qui peuvent vous apporter ce quelque chose, ce sont celles qui ont déjà ce que vous voulez, ou encore qui incarnent un idéal pour vous. Ceci est très important. Pourquoi vous intéresser aux autres personnes ? Nous sommes 7 milliards d'individus sur la planète (et au rythme où cela augmente, quand vous lisez ces lignes, le chiffre a probablement monté), vous ne pouvez pas vous connecter avec tout le monde. Et très concrètement, ça ne servirait à rien, à part de vous faire perdre votre temps et disperser votre précieuse énergie. Je parle bien sûr ici de domaines liés à vos objectifs, et non de relations amicales.

Si vous voulez entrer chez Google, est-il préférable d'être ami avec Larry Page, le PDG de Google, ou être en contact avec dix mille personnes qui souhaitent également entrer chez Google ?

Le point que je veux faire est le suivant : Plus vous avez un réseau contenant des personnes de qualité et ayant ce que vous voulez, plus vous avez de chances de grimper.

A quoi bon être en relation avec quelqu'un qui veut la même chose que vous ? Alors oui, vous allez pouvoir échanger sur le sujet et peut-être en apprendre davantage sur comment s'y prend votre collègue. Mais vous apportera-t-il véritablement quelque chose ? Vous apportera-t-il des informations qui vous amèneront le succès ? Et sans parler du fait qu'il puisse ne pas vous dire ce qu'il sait ou vous donner ses informations car vous êtes en concurrence. Dans tous les cas, cela ne vous apporte rien ou très peu de vous rapprocher des personnes qui n'ont pas ce que vous voulez. Que ce soient des personnes qui veulent ce que vous voulez, ou qui soient dans des situations différentes, aucune différence. La valeur ajoutée que vous les ayez dans votre réseau est minime. Je n'ai pas dit inexistante mais bien minime.

Vous pouvez bien évidemment avoir des amis d'horizons multiples avec lesquels vous vous entendez bien et passez du bon temps. Dans le même état d'esprit, vous pouvez faire partie de groupes qui ont des projets communs, et ainsi vous motiver les uns les autres. Ceci est formidable et vous mettra dans une attitude positive chaque fois que vous les verrez. Mais concernant vos objectifs, vos rêves, vos envies, vos désirs, vos souhaits, vous devez principalement vous focaliser sur les personnes qui ont ce que vous voulez ! Ce sont ces personnes qui pourront vous faire gravir des échelons plus vite que n'importe qui d'autre.

D'une manière générale, vous pouvez vous connecter avec n'importe qui, si vous vous sentez bien avec cette personne. Néanmoins, pour atteindre un point précis ambitieux dans votre vie, les personnes les mieux placées pour vous aider sont celles qui ont déjà ce que vous voulez.

Nous allons donc voir ici le processus logique qui mène à ce que vous obteniez ce que vous voulez de la vie, notamment en vous connectant avec les autres. Ce travail peut prendre des années, voire des dizaines d'années. L'important est de vous inscrire dans cette démarche car elle est porteuse de résultats, et qu'elle est enrichissante à tout niveau. Parfois, il vous suffira d'une seule personne qui vous communiquera des informations qui vous propulseront vers les sommets. Le plus important ici est de vous laisser guider par la Vie qui saura vous présenter les bonnes personnes à chaque instant. Il n'est jamais judicieux de forcer les choses mais il s'agit aussi de saisir les opportunités que la vie nous présente.

QUE VOULEZ-VOUS VRAIMENT ?

Certains souhaitent construire leur réseau alors qu'ils ne savent même pas ce qu'ils veulent. Je dirais que c'est le cas de la majorité des gens. Comment voulez-vous cibler correctement les gens avec qui vous entrez en relation si vous ne savez pas ce que vous voulez ? Je ne vais pas passer par 4 chemins pour vous faire passer le message que je souhaite faire passer ici. Il n'y a pas de place au doute, à la peur ni à n'importe quelle émotion négative qui pourrait faire blocage entre vos objectifs et vous. Je ne souhaite pas que vous vous mettiez en relation avec le paysan du coin parce que vous avez du respect pour cette personne qui a trimé toute sa vie pour en arriver là. Si vous n'avez pas l'objectif d'arriver là où ce paysan est, alors à quoi bon le faire entrer dans votre réseau ?

Il n'y a nulle discrimination ici. Si vous voulez être paysan, c'est parfait, si vous voulez être pilote de chasse, c'est super. Si vous voulez voyager librement dans le monde, c'est formidable. Si vous voulez vivre comme un inuit pour le restant de vos jours, libre à vous.

Tout objectif, rêve, désir est bon à partir du moment où il résonne en vous et qu'il vous donne véritablement envie de le réaliser !

Toute la démarche de ce livre est d'instaurer dans votre esprit une démarche logique du succès. Si vous voulez du succès et plus de bien-être dans votre vie, vous devez vous rapprocher des personnes qui ont ce que vous voulez. Vous devez vous rapprocher des personnes qui sont talentueuses dans les domaines dans lesquels vous avez un besoin.

Encore une fois, vous pouvez réussir seul et vous pouvez réussir en vous connectant avec des tas de personnes qui n'ont rien à voir avec ce que vous voulez. En appliquant les principes du succès, en ayant une motivation et une foi en la vie inébranlable, et des objectifs qui ne demandent qu'à être réalisés, vous le ferez. Mais peu sont capables d'être aussi forts. Et de toute évidence, votre chemin croisera celui des personnes qui ont ce que vous voulez à un moment ou à un autre avec ce processus.

J'ai moi-même emprunté ce chemin. J'ai commencé par faire « comme si » j'avais ce que je désirais et cela m'a rapproché de groupes et de personnes qui m'ont donné énormément, et sans lesquels vous ne liriez pas ces lignes.

ALORS QUI DEVRIEZ-VOUS APPROCHER ?

Si votre rêve est de bâtir une entreprise sur internet, alors rapprochez-vous de tous ceux qui ont fait fortune sur internet.

Si votre rêve est de faire un tour du monde en passant par 172 pays différents, alors rapprochez-vous de tous les globe-trotters que vous trouverez. Demandez-leur des conseils, partagez vos envies et faites-les parler sur leur expérience.

Si votre rêve, c'est de rejoindre une entreprise prestigieuse, alors cherchez à entrer en contact avec toutes les personnes qui travaillent dans cette compagnie. Il y en a probablement des milliers dans le monde, alors vous n'avez pas d'excuse. Il y a aura toujours des personnes qui seront prêtes à vous aider, à vous donner des tuyaux et à vous emmener de l'avant.

Quel que soit votre rêve, vous pouvez tout de suite commencer à vous rapprocher de ces personnes. Aujourd'hui, on trouve des centaines de sites web, de blogs, de forums, de chaines YouTube sur un même sujet. Si vous cherchez des informations sur quoi que ce soit, vous en trouverez. Si vous cherchez des informations sur les globe-trotters, vous en trouverez. Et vous pourrez même créer des relations facilement grâce à Internet.

Vous n'êtes pas le premier à vouloir réaliser les rêves que vous avez, si spécifiques ou spéciaux soient-ils. Et en admettant que vous soyez le seul au monde à vouloir être, faire ou avoir votre rêve particulier, alors vous trouverez à coup sûr des synergies avec des personnes qui ont réalisé des choses similaires.

Votre mission n'est autre que d'approcher les personnes qui ont précisément ce que vous voulez. Ne croyez pas véritablement ceux qui n'ont pas cela. Ne croyez pas ceux qui vous prodiguent des conseils sans avoir connu des résultats eux-mêmes. Ne croyez pas véritablement celui qui est devenu riche en vendant un livre sur comment devenir riche, quoi que ce point soit plus discutable car les résultats sont arrivés après coup, donc on peut penser que la formule fonctionne. Ne croyez pas les personnes qui essaieront de vous décourager car il y en aura. Gardez votre focus sur les personnes qui ont ce que vous voulez et qui seront capables de vous aider dans votre démarche.

Cela ne vous empêche pas d'écouter toutes ces personnes car elles peuvent vous apporter leurs points de vue en fonction de leurs expériences de vie. Mais réfléchissez bien avant d'adhérer aux idées d'une personne qui n'a pas ce que vous voulez. Libre à vous, ceci est une simple mise en garde.

Si votre rêve est de créer une entreprise dans un domaine particulier, que vous en parlez à votre famille et que les membres de votre famille vous découragent parce que le contexte n'est absolument pas favorable et que ce serait pure folie, alors réfléchissez bien. Si votre famille n'y connait rien et ne connait pas les principes de la loi de l'attraction et du succès, alors leurs conseils ne sont pas forcément les meilleurs. Réfléchissez bien à qui vous accordez votre pleine confiance.

L'ATTITUDE DU SUCCÈS

Avant de passer au très concret, j'aimerais faire un point sur l'attitude que vous devez avoir. Rien n'arrive par hasard dans nos vies. En fonction de notre état d'esprit, nous attirons à nous des circonstances de même nature. Ainsi, nous rencontrons des personnes qui sont souvent dans le même état d'esprit que nous, sur la même longueur d'onde, ou comme disent les américains : des personnes « *like-minded* ».

Le but ici est bien cela : se connecter avec des personnes « *like-minded* ». Et ce n'est pas avec un état d'esprit de *looser* que vous allez rencontrer des personnes à succès. Vous passeriez à côté que vous ne les remarqueriez même pas, alors qu'elles ont peut-être ce que vous voulez.

Si votre état d'esprit est mauvais, vous allez émettre des émotions comme de la frustration par rapport à ces personnes. La frustration de les voir au sommet alors que vous êtes au flanc de la montagne. La colère de vous voir si loin de ceux qui ont ce que vous voulez. La tristesse de vous sentir impuissant devant le ravin qu'il y a entre eux et vous.

Mais vous n'êtes pas de ceux-là.

Vous êtes de ceux qui ont décidé de prendre leur vie en main. Vous êtes de ceux qui ont décidé de vous rapprocher des personnes qui ont ce que vous voulez car vous le méritez ! Oui vous le méritez. Vous le méritez à partir du moment où votre état d'esprit est bon. Vous le méritez à partir du moment où vous êtes prêt à changer vos habitudes pour arriver à vos fins. Vous le méritez à partir du moment où vous commencez à agir comme les personnes qui ont ce que vous voulez.

Dites-le : « Je le mérite ! ». Et si vous lisez ceci dans les transports en commun ou que votre moitié dort à côté, dites-le très fort dans votre tête ! L'état d'esprit est ce qu'il y a de plus important au monde. Il conditionne littéralement votre vie. Plus vous serez positif, opportuniste, enthousiaste et aimant envers la vie, et plus celle-ci vous récompensera.

La vie est plutôt simple quand on en comprend les règles. Il n'y a plus de place au doute et à la peur. Il ne reste que l'expression de soi dans une vie où tout est opportunité.

Cela m'amène à un autre point qui est crucial. Absolument déterminant. C'est celui des relations gagnant/gagnant. Vous devriez toujours avoir ceci dans votre tête. A la seconde près où votre intention est seulement de tirer profit d'une situation au détriment d'autres personnes, cela vous reviendra comme un boomerang en pleine poire. Vous n'êtes pas ici pour jouer les héros, fanfaronner et montrer que vous êtes le plus fort ou la meilleure. Si vous avez besoin d'en faire l'expérience, c'est ok bien sûr mais mon invitation est de tendre vers l'Abondance pour chacun.

Ce qui compte véritablement est de cocréer ensemble un monde idéal où chacun peut s'exprimer pleinement et librement. Cela vous donne le droit de foncer tête baisser vers vos rêves. Mais tête baissée ne signifie pas d'envoyer valser toutes les personnes que vous croisez et qui ne sont pas pertinentes pour vous selon vos critères. Un point d'or dans les relations est le respect. Le respect de l'autre mais aussi le respect de soi. Apprenez à construire vos relations en conscience dans une attitude de gagnant/gagnant. Ceci sera pour vous un levier considérable dans tous vos projets et vous en tirerez des bénéfices et un bien-être que vous ne soupçonnez peut-être pas aujourd'hui.

Je pense que vous êtes prêt à vous connecter aux personnes qui ont ce que vous voulez à présent. Mais comprenez bien que la partie qui suit ne comprend que des moyens. Ce qui compte, c'est d'être dans la bonne attitude. Peu importe le « comment » quand on comprend que si on est dans le bon état d'esprit, tout arrive à point pour nous.

LES MOYENS POUR SE CONNECTER AUX PERSONNES QUI ONT CE QUE VOUS VOULEZ

Vous allez probablement être surpris par le nombre de moyens possibles pour contacter les personnes qui ont ce que vous voulez. Que diriez-vous de pouvoir rencontrer des dizaines de personnes prêtes à vous aider personnellement ? Ne serait-ce pas fantastique ?

Certains de ces moyens vous demanderont de faire chauffer la carte bleue, mais retenez bien ce qui suit. Plus vous serez prêt à dépenser d'argent, et plus vous vous retrouverez avec des personnes qui ont de l'argent. Cela ne signifie pas de dépenser à tout va alors qu'on n'en a pas les moyens. Cela signifie qu'il y a des investissements quasi obligatoires si vous voulez franchir des paliers à pleine vitesse ! Je dis cela surtout si vos objectifs sont liés à l'argent.

SITES INTERNET, BLOGS, FORUMS

Internet recèle de nombreux trésors. Chaque jour, ce sont des milliers de sites nouveaux qui voient le jour sur des thématiques ultra variées ! Cela signifie que vous pouvez trouver des mines d'or sur internet mais surtout, rencontrer des personnes qui pensent comme vous et qui ont ce que vous voulez.

Les sites internet vous permettront d'en apprendre beaucoup sur certains sujets. En soi, ils sont des portes d'entrées vers d'autres sites plus spécialisés sur lesquels vous allez trouver toujours plus d'informations sur les sujets qui vous intéressent. Ils peuvent notamment vous amener à visiter des blogs ou des forums sur lesquels vous allez pouvoir échanger avec des personnes comme vous.

Les blogs sont particulièrement puissants et voici pourquoi. Aujourd'hui, on trouve des blogs très spécialisés sur de nombreux domaines. Les blogs sont tenus par des personnes lambda. J'ai moi-même créé mon blog Plateforme Bien-être sur un coup de tête il y a quelques années et il est aujourd'hui devenu bien plus grand et plus influent que tout ce que j'aurais cru. La personnalité d'un blogueur se construit en même temps que son blog. Ainsi, un blogueur (qui est déjà généralement bien calé sur son sujet) devient rapidement un spécialiste dans sa discipline. Et les blogueurs sont là pour vous aider. Ils exercent leur passion et sont prêts à répondre à beaucoup de questions que vous pourriez leur poser.

Ainsi, les blogueurs sont des personnes accessibles qui peuvent avoir ce que vous voulez. Imaginez que votre souhait soit de voyager dans le monde, vous pourriez alors trouver de nombreux blogs sur des personnes qui voyagent tout le temps et qui vous donneraient toutes les techniques, astuces et conseils dont vous auriez besoin. Vous pouvez faire ceci quelle que soit la thématique de vos rêves et objectifs.

RÉSEAUX SOCIAUX

Je ne vais pas refaire un éloge ou une critique des réseaux sociaux ici mais ils sont également un moyen puissant de contacter des gens. On trouve de tout sur les réseaux sociaux. Facebook et les réseaux similaires vous permettent plutôt de vous créer un réseau d'amis sans véritable valeur ajoutée dans vos objectifs, mais en les utilisant intelligemment, en prenant part à des groupes précis, vous pouvez connecter à de nombreuses personnes de qualité. Il comprend à lui seul de très nombreuses communautés où vous pouvez vous lier avec des personnes qui ont les mêmes centres d'intérêt que vous. Cela ne signifie pas que ces personnes ont ce que vous voulez mais vous pouvez y glaner de précieux contacts et de précieuses informations. D'autres réseaux sont plus professionnels comme Viadeo ou LinkedIn qui sont les réseaux sociaux les plus connus en France, LinkedIn étant international. Ils vous permettent de vous rapprocher de personnes ayant les mêmes centres d'intérêt professionnels que vous, ou qui font partie d'organisations que vous visez. Ainsi, il est très facile de rentrer en contact avec ces personnes par ce biais.

Pensez également à des réseaux comme Meetup qui permet de prendre part à des événements locaux sur des thèmes très précis. Cela permet de faire des rencontres de qualité autour de vous de façon très facile et rapide.

FORMATIONS ET SÉMINAIRES

Les formations et les séminaires sont un autre moyen de vous rapprocher des personnes que vous voulez. Néanmoins, il y a généralement un prix à payer si vous voulez vous rapprocher des personnes hautement placées, notamment les personnes riches.

Les formations peuvent se faire soit sur internet, soit en présence physique, ce que l'on appelle un séminaire. Une formation vous donne les clés dont vous avez besoin pour réaliser par vous-même quelque chose qui vous tient à cœur. Et ce qui est véritablement intéressant, c'est que vous prenez également part à un groupe comprenant ceux qui ont acheté la formation, ainsi que le ou les formateurs. Vous pouvez donc avoir un rapport privilégié avec le formateur qui a ce que vous voulez généralement, et créer des liens avec des personnes qui aspirent aux mêmes désirs que vous, tout en étant sur la bonne voie pour les réaliser.

Encore une fois, l'objectif est davantage de se connecter avec le formateur qu'avec les autres. Mais se connecter avec des personnes qui sont dans le même état d'esprit que vous peut former un groupe focalisé sur des objectifs de même nature. Ainsi, vous allez ressentir une vraie motivation pour agir. Vous pourriez même tisser des partenariats avec certains. L'idée ici est d'augmenter votre cercle de connaissances dans les domaines qui vous tiennent à cœur. De plus, les personnes avec qui vous entrez en contact pourraient avoir de l'avance sur vous dans les domaines que vous étudiez. Et ainsi, il peut s'avérer capital d'apprendre de ces personnes.

Les événements physiques sont ceux qui vous donneront le plus de résultats généralement car vous serez engagé physiquement et financièrement pour un but recherché. Ainsi, il se passe beaucoup plus de choses quand vous êtes investi à plusieurs niveaux et lorsque vous rencontrez les personnes physiquement.

GROUPES OU ORGANISATION DU SUCCÈS

Voici un point très important. Lorsque vous avez la possibilité de faire partie de groupes privilégiés, les opportunités commencent à affluer vers vous. Ces groupes du succès existent pour fédérer des personnes autour de mêmes valeurs. Ainsi, un tel groupe vous permet de créer des liens avec des personnes « *like-minded* », et ainsi vous catapulter littéralement vers les sommets.

La raison en est simple. Il y a un seul but à ce type d'organisation : le succès. Vous apprenez donc les principes du succès et vous développez votre attitude autour de valeurs qui vous hisseront là où peu de personnes ont le privilège de se retrouver.

Vous vous retrouvez alors dans un environnement ultra propice au succès, où tout devient plus facile pour vous. Vos idées deviennent plus claires, vos aspirations grandissent, vous agissez plus librement, etc. Rejoignez des organisations du succès qui vous feront passer à la vitesse supérieure en un rien de temps ! Une des plus connue aujourd'hui est le *Global Information Network* qui permet d'apprendre les principes du succès pas à pas et de tisser des relations avec des personnes dans le même état d'esprit que nous.

GROUPES DE BRAINSTORMING / MASTERMIND

Un groupe de brainstorming est très puissant dans le sens où vous allez vous connecter avec des personnes qui veulent la même chose que vous, et qui sont prêtes à s'entre-aider. Ce genre de groupe est à double tranchant. D'un côté, il se peut qu'il n'y ait pas de leader, et ainsi, tous les membres pourraient prendre une mauvaise direction. C'est le problème de ne pas avoir quelqu'un qui a déjà ce que vous voulez.

Néanmoins, il peut être très puissant dans le sens où vous allez travailler sur des objectifs communs. Ceci va créer des synergies et une puissante motivation qui va vous pousser vers la réussite. Quand on est motivé, on est généralement dans un état d'esprit positif qui nous assure le succès si on garde le cap. En cela, il vous sera très profitable de vous rapprocher de ces personnes.

De la même façon, vous pouvez prendre part à des groupes d'entraide qui possèdent une forte énergie positive. Quand un groupe base ses actions sur le partage et l'entraide, il se passe toujours des choses très intéressantes. Encore une fois, il ne faut pas tomber dans le piège de suivre n'importe qui et n'importe comment car vous pouvez facilement suivre une voie qui n'est pas en accord avec le succès. Mais ne serait-ce que l'énergie associée à ce type de groupe vous apportera certainement beaucoup.

Ces groupes peuvent notamment se former pendant et à la suite des séminaires. Quand vous participez à un séminaire qui vous a gonflé à bloc, et que vous prenez part à un groupe mastermind par la suite, alors cela vous donne la possibilité de surfer sur cette vague d'énergie. Le mastermind est ce que Napoleon Hill décrit comme la création d'un cerveau collectif. Quand plusieurs cerveaux s'unissent, on obtient des résultats exponentiels. Un plus un égal trois. Deux plus deux égal sept. Telle est la logique de ces groupes.

SOCIÉTÉS SECRÈTES

Au-delà des groupes, il y a les sociétés. Les sociétés secrètes sont des organismes qui vous donnent accès à des enseignements spécifiques. Toutes ont pour but l'amélioration de soi et la connaissance. Pourtant, certaines sont très décriées du fait des rites et les histoires qui tournent autour. Toutefois, si vous avez la possibilité d'intégrer une société secrète, cela peut être un investissement très rentable sur votre personne. Vous pourriez apprendre des secrets qui sont gardés par les élites et vous connecter avec des personnes ayant intégré les enseignements du succès, du bonheur et de tout un tas d'informations basées sur le mieux-être et la réussite.

Toutefois, certaines de ces sociétés sont également malsaines sur certains points. Cette solution est donc à prendre avec des pincettes. Certaines restent très saines et respectueuses de chacun. C'est le cas notamment de la Rose Croix, ou même du Global Information Network. La première est accès sur des enseignements spirituels et la seconde sur les enseignements du succès. Cela peut être un bon investissement pour vous.

DEHORS, CHEZ VOUS ET AILLEURS

Enfin, il n'est pas à négliger que vous pouvez vous connecter avec des personnes ayant ce que vous voulez, et ayant le même état d'esprit que vous, de partout ! Une nouvelle fois, votre état d'esprit conditionne votre existence. En ayant en ligne de mire le fait de vous améliorer en permanence et de vous connecter avec des personnes comme vous, vous allez irrémédiablement attirer ce type de personnes dans votre vie.

Alors soyez toujours ouvert à l'opportunité de rencontrer de nouvelles personnes car ce sont probablement ces personnes qui vous donneront des tuyaux ou des astuces pour grimper plus vite sur l'échelle de la réussite.

CONCLUSION DE CE CHAPITRE 4 SUR L'ART DE SE RAPPROCHER DES PERSONNES QUI VOUS MÈNERONT VERS LA REUSSITE

Pour conclure ce chapitre sur les relations à bâtir pour le succès, j'aimerais vous repréciser quelques points.

Les personnes dont vous devriez vous rapprocher le plus sont les personnes qui ont déjà ce que vous voulez. Il en est ainsi car elles possèdent déjà les clés de votre succès. Par conséquent, si vous voulez vous trouver au même endroit que ces personnes, vous devriez appliquer les principes qu'elles ont appliqués dans leur propre vie. Ceci est un principe clé ! Cela peut vous paraître anodin mais il est immensément plus facile de réussir grâce à des mentors, en quelque sorte, que tout seul ou avec des personnes qui en sont au même endroit que vous.

Ensuite, il peut être intéressant de se connecter avec les personnes qui veulent la même chose que vous, dans le sens où, créer des relations avec ces personnes, va créer des synergies et de la motivation pour vos projets. Ainsi, entrer dans des groupes contenant des personnes qui veulent la même chose que vous boostera la réalisation de vos projets. Le seul risque réside dans le fait que, si personne n'a déjà réussi dans le groupe, alors vous ne connaitrez pas les véritables clés qui fonctionnent.

Enfin, je vous invite à toujours garder en tête qu'un bon état d'esprit tourné vers le succès, la réussite et tout ce qui est positif vous mettra dans des conditions propices au succès.

Soyez ouvert d'esprit, écoutez les autres et faites vos choix en conséquence. Mais souvenez-vous que les seuls vrais conseils qui valent de l'or pour vous viennent des personnes qui ont déjà ce que vous voulez. Prenez garde à ne pas accorder trop d'importance à ce que vous disent vos proches et vos amis puisqu'eux-mêmes ne savent généralement pas de quoi ils parlent. Restez ouvert d'esprit mais conscient que toute information n'est pas bonne à suivre.

SYNTHÈSE VISUELLE CHAPITRE 4

Prenez un moment pour vous imprégner de ce dessin sur les relations prospères

Votre environnement est le reflet de tout ce que vous vibrez, que ce soit spirituellement et humainement. Apprenez à cultiver vos relations en conscience. Allez à la rencontre de nouvelles personnes, tournées vers les mêmes centres d'intérêt que vous, tout en ayant un bel état d'esprit. Pensez toujours en termes de croissance et de relation gagnant/gagnant. Il est primordial de vous connecter avec les personnes qui ont déjà ce que vous voulez afin de profiter de leur expérience.

L'invitation est d'en faire un terrain d'expérimentation joyeux. Chaque rencontre est précieuse. Chaque rencontre est une opportunité de grandir. Il y a ce qu'on voit de premier abord chez l'autre et ce qu'on ne voit pas. Parfois, c'est l'être qui ne nous attire pas spécialement qui peut bouleverser notre existence. Restez ouvert tout en ne gaspillant pas votre énergie à maintenir ou créer des relations qui n'ont pas de sens. Restez dans l'Amour de l'autre sans chercher à le contrôler d'aucune manière. Laissez la Vie vous guider dans le processus.

CHAPITRE 5 : LE COUP GAGNANT OU L'ART DE GAGNER AVANT MÊME D'AVOIR JOUÉ

Dans ce chapitre, nous allons faire un focus sur des exemples concrets de la vie de tous les jours. Il y a de fortes chances pour que vous ayez une mission spécifique à accomplir durant votre vie. Que vous en soyez aujourd'hui conscient ou non ne fait pas de différence dans ce que je vais dire ici. Car dans tous les cas, vous êtes ici pour vivre heureux. Vous avez droit au bonheur, vous avez droit au succès, vous avez droit à l'abondance. Vous avez droit à toutes ces choses-là. Et je vais aller même plus loin. Toutes ces choses-là vous sont offertes à chaque instant de votre existence. Mais il se peut que vous fassiez barrière et que vous ne puissiez donc pas les obtenir. Ainsi, vous vous autorisez à avoir du succès et à vous sentir bien dans certains domaines tandis que dans d'autres sphères, vous semblez impuissant et subissez tous les aléas de la vie. N'est-ce pas vrai ?

Ici, nous allons parler de la notion de gagner ! Je reviens sur cette notion dans ma formation mais j'ai également envie de vous en parler ici car c'est un principe qui va grandement vous aider à laisser venir à vous de vrais sentiments de réussite.

COMMENT ABANDONNER EN UN TEMPS RECORD

Certaines personnes sont tout le temps heureuses dans la vie car elles gagnent tout le temps. Pourtant, d'un point de vue extérieur, on pourrait dire qu'il n'y a aucune raison que ce soit le cas.

Imaginez que vous appreniez à tirer à l'arc et que vous ne mettiez pas une flèche dans la cible. Pas une. C'est votre première fois, vous étiez tout excité à l'idée de tirer, et là vous avez le moral à plat car vous vous révélez, tout compte fait, un grand boulet dans la discipline. Vous allez peut-être vouloir persévérer un peu mais il y a de fortes chances pour que vous cessiez cette activité car elle ne vous procure pas de plaisir.

Mais à ce moment-là, vous regardez votre voisin tirer et vous le trouvez encore plus nul que vous. Pourtant, il a un sourire jusqu'aux oreilles et il a l'air de s'éclater ! Il s'éclate, c'est clair. Et vous vous demandez juste pourquoi il s'éclate alors que ça fait 30 flèches qu'il envoie dans le décor...

Il existe un principe vital qui permet d'arriver à ce résultat.

Dans ce chapitre, nous allons aborder 2 notions. La première qui permet de gagner en toute circonstance, et la seconde qui va vous permettre d'améliorer vos performances de façon considérable.

GAGNER EN TOUTE CIRCONSTANCE

Le problème de la majorité des gens qui sont déçus de leurs résultats dans la vie, c'est qu'ils s'étaient fixés des objectifs trop ambitieux. Ainsi, beaucoup commencent la tête haute en se disant qu'ils vont arriver à faire des miracles, alors que finalement le résultat est loin d'être à la hauteur de leurs espérances. Ceci impacte donc directement sur leur mental et ils se sentent nuls et se dévalorisent eux-mêmes. De plus, cela va leur faire émettre de mauvaises vibrations et ils se retrouvent à attirer des situations qu'ils ne veulent pas dans leur vie.

Il faut à tout prix que vous évitiez ce genre de scénario qui va vous auto-saboter le moral. L'idée ici est de développer une technique qui va vous permettre de gagner en toute situation. Vous vivez votre vie aujourd'hui comme vous l'entendez. Vous vivez exactement selon vos propres règles et désirs. Si quelque chose est présent dans votre vie, c'est que vous lui avez donné la permission d'y entrer. Et donc vous avez le plein pouvoir sur votre façon d'aborder tous les évènements qui vous arrivent. Ici, je souhaite que vous intégriez un élément qui va vous permettre de faciliter vos victoires.

VOTRE VIE EST UN JEU

Voici le principe que vous devez intégrer : votre vie est un jeu.

De ce principe découle 2 éléments. Premièrement, vous ne devez pas vous prendre trop au sérieux car votre vie est un jeu. Deuxièmement, votre vie est un jeu dont vous définissez les règles. Car vous êtes le maître de votre vie. Vous êtes le maître du jeu.

Vous êtes donc le créateur de votre propre vie. Et vous avez le plein pouvoir sur les règles avec lesquelles vous jouez. Vous pouvez même changer les règles à volonté au cours de la partie. La partie n'est autre que votre vie entière.

L'intérêt de tout cela est très grand. Si vous avez la possibilité de fixer les règles de votre vie, vous pouvez alors vous émanciper des règles instaurées par les autres. Ces règles que vous prenez pour acquises vont ont été transmises par vos proches, par vos professeurs, par les médias, etc. Vous avez été tellement influencés depuis que vous êtes né qu'il est difficile de cerner ce qui est objectif et vient de vous, et ce qui n'est pas objectif et vient de l'extérieur.

Par exemple, vous pouvez aujourd'hui vous morfondre dans un travail qui ne vous plaît pas parce que le contexte économique n'est pas favorable pour changer. Or, ce dernier point n'est qu'une opinion : celle des médias et celles de tous ceux qui croient en ce que disent les médias. Or, si vous développez la croyance qu'il vous est possible de trouver dès aujourd'hui un travail plus intéressant et mieux rémunéré que le vôtre, peut-être prendrez-vous des mesures immédiates pour faire que ce désir devienne réalité.

Vous agiriez en direction de vos objectifs au lieu de rester cloîtrer dans une situation qui ne vous convient plus parce que vous subissez les règles qu'on a imposées dans votre jeu !

Il est donc de votre ressort de changer cela dans votre vie aujourd'hui. Vous pouvez faire en sorte que tout ce que vous entrepreniez soit couronné de succès. Mais pour cela, vous devez instaurer des règles qui vous font gagner.

SE FIXER DES RÈGLES POUR GAGNER EN TOUTE CIRCONSTANCE

L'exercice va vous paraître peut-être tellement enfantin qu'il va vous scotcher. Reprenons l'exemple de notre tireur à l'arc heureux. Pourquoi est-il heureux ? C'est tout simplement parce qu'il ne s'est pas fixé les mêmes règles que vous. Votre règle était peut-être que, si vous ne touchiez pas la cible, vous étiez un *looser* ! Et cela a fait que la marge de progression exigée était trop importante et vous avez failli à la tâche, ce qui vous a rendu morose. L'objectif de votre collègue, quant à lui, était d'arriver à lancer la flèche. Tant que la flèche partait de l'arc, il avait gagné. Son but n'était pas d'atteindre la cible mais de réussir à tirer. C'est pour cette raison qu'il était content : parce qu'il a gagné selon SES règles ! S'il persévère, il se rendra compte qu'il devient meilleur et pourra revoir ses règles à la hausse s'il le désire. L'idée est que gagner soit facile mais pas trop facile non plus pour ne pas se lasser.

Il est nécessaire d'avoir une certaine justesse dans l'établissement de vos règles. Si vous vous pointez en tant que débutant dans une discipline, on ne vous demandera jamais de faire des miracles. Et si c'est le cas, vous devrez vous fixer vos propres règles dans ce projet précis. Une des règles les plus puissantes qui existent est la suivante : « Tant que je ferai mon maximum pour arriver au meilleur résultat, je serai fier de moi ». Si vous vous engagez dans un projet ambitieux dans lequel vous savez que vous allez devoir y consacrer beaucoup d'efforts, alors cette règle est parfaite car elle vous permettra d'être satisfait, même si les résultats ne sont pas exceptionnels ou conformes aux attentes de vos supérieurs.

Quand vous faites quelque chose qui ne tient qu'à vous, vous pouvez alors vous fixer n'importe quelle règle pour que vous puissiez gagner. Retenez bien que vous seul avez le pouvoir de vous fixer vos règles. Si vous êtes aujourd'hui empêtré dans une situation inconfortable, c'est parce que vous avez accepté de jouer avec des règles qui ne vous conviennent pas. Vous avez le pouvoir de changer vos règles et de faire ce que vous voulez de votre vie.

DIFFÉRENCE ENTRE OBJECTIF ET RÈGLE DE JEU

Certains peuvent se dire à la lecture de ce chapitre qu'une règle qui permet de gagner en permanence n'est pas propice à réaliser de grandes choses. Plus nous avons des objectifs ambitieux et plus on a de chances d'aller loin.

Ceci est vrai. Et entièrement vrai.

Un objectif est un point à atteindre. Vous pourriez mettre des années à atteindre ce point précis en fonction de l'ambition de cet objectif. Les règles du jeu sont différentes. Elles ne représentent pas une destination mais le cloisonnement du chemin. Plus vous avez de liberté, plus il vous sera facile de gagner. Moins vous en avez, plus vous vous challengerez et plus il vous sera difficile de gagner. L'idée est d'avoir un juste milieu acceptable.

Le juste milieu est l'endroit où vos règles vous donneront envie de jouer tout en vous donnant la possibilité de gagner relativement facilement. Si vous avez un but ambitieux associé à cela, alors vous avancerez pas à pas en direction de cet objectif sans vous décourager.

Quand vous aurez atteint un bon niveau au tir à l'arc, votre règle pourrait être : « Tant que j'atteins la cible, je suis satisfait » et votre objectif pourrait être de mettre 3 flèches d'affilées en plein centre, ou encore de gagner un tournoi. Votre objectif est une vision à long terme. Si ce désir vous excite particulièrement, alors vous avancerez à pas de géant vers celui-ci, sans jamais vous décourager. Vos performances deviendront toujours meilleures et il arrivera un jour où vous réussirez.

L'intérêt de vous fixer les règles de votre vie est de garder votre motivation en direction de vos objectifs, et de prendre un vrai contrôle sur votre existence.

L'exemple du tir à l'arc est bien beau mais vous pouvez appliquer cela à tous les domaines de votre vie. Ne vous limitez plus. Si vous voulez trouver l'âme sœur et que vous êtes la personne la plus timide de tous les temps, fixez-vous des règles qui vous avantagent comme le fait de vous dire que chaque jour il y a des milliers de personnes comme vous qui trouvent l'amour. Ensuite, ne soyez pas trop exigeant avec vous-même et fixez-vous des étapes intermédiaires comme le fait de participer à des soirées ou de vous inscrire à certains sites. Le tout est que ce soit facile pour vous ET qu'il y ait une vraie avancée vers vos objectifs.

AMÉLIORER SES RÉSULTATS COMME JAMAIS VOUS NE L'AVEZ FAIT

Gagner tout le temps c'est très bien. Cela va vous permettre de toujours garder le moral et la motivation pour vous rapprocher de vos objectifs. Mais maximiser vos résultats, c'est encore mieux ! Si vous pouvez vous sentir bien tout en ayant de bons résultats, vous allez avoir le feu en vous ! Vous allez pouvoir atteindre des sommets que vous ne pensiez pas être capable d'atteindre.

Pour cela, nous allons devoir utiliser de nouveau la puissance de notre cerveau. Mais avant je vais vous raconter 2 histoires.

DEUX HISTOIRES DE CHAMPION

La première est celle d'un futur joueur d'échec qui fut incarcéré dans une période difficile de son pays. Son incarcération dura 7 ans et il ne s'en plaint jamais. Car pendant toute cette période, il a joué aux échecs après avoir mis la main sur un manuel d'échecs. Il s'est entraîné durement. Mais vous imaginez bien qu'il n'avait pas accès à un jeu d'échec en prison. Il a donc joué dans sa tête. Pendant 7 ans, il a imaginé tous les coups possibles et imaginables qu'il pouvait faire. Il allait jusqu'à anticiper jusqu'à 10 coups à l'avance pour établir ses stratégies. Son seul adversaire était son imagination et jusqu'où son esprit était capable d'aller. 7 ans plus tard, il put participer à un véritable tournoi où personne ne l'attendait et battit le champion de l'époque. Cette histoire est vraie et vous pouvez la lire dans le livre « Le joueur d'échec » de Stefan Zweig.

Voici un autre exemple, celui d'un joueur de billard. Il était capable d'enlever toutes les boules de la table sans jamais faillir. Et donc on est allé lui demander quel était son secret. Il n'en avait lui-même pas conscience en réalité. Mais ce que l'on apprit, c'est qu'il entendait la boule tomber dans le trou avant de tirer. C'était le son que provoquait la boule tombant dans le trou qui lui conférait cette confiance et cette précision extraordinaire. Il n'était pas meilleur qu'un autre sur le papier, il avait juste créé une habitude mentale qui faisait la différence.

Ces 2 exemples montrent à quel point l'utilisation de notre cerveau d'une façon bien spécifique peut s'avérer un allié très précieux.

LA VISUALISATION AU SERVICE DE VOS RÉSULTATS

C'est en réalité l'art de la visualisation qui vous permet de tels résultats. Ne croyez pas tout savoir sur la visualisation car elle est un peu différente de ce que l'on entend partout.

En réalité, notre cerveau ne fait pas la différence entre quelque chose de physiquement existant et quelque chose que vous imaginez. Si vous pouvez faire croire à votre cerveau que quelque chose est vrai sans que ça existe vraiment dans notre monde physique, alors vous pouvez faire opérer la magie.

C'est l'exemple typique du joueur d'échecs. Sans avoir jamais joué aux échecs, il se retrouve à être un joueur d'exception car il a étudié et il s'est entraîné dans sa tête pendant une longue période. Il est devenu bon sans même pratiquer physiquement.

Les joueurs de basket qui sont reconnus pour être très bons à 3 points procèdent de la sorte également. L'entraînement est ce qu'il est mais il continu par la suite. Car le joueur en question s'imagine qu'il marque des dizaines de paniers d'affilés. Il s'endort avec cette pensée et son cerveau travaille la nuit sur tout cela pour faire en sorte que cela devienne réalité.

Et que dire de quand on imagine avoir un citron bien juteux dans la bouche ? Vous voilà déjà en train de saliver pourtant ce citron n'est qu'imaginaire...

La visualisation est une étape cruciale dans la loi de l'attraction. Vous vous devez d'appliquer ce merveilleux pouvoir qui ne vous demande que de penser. Voici 5 étapes sur lesquelles vous pouvez vous appuyer pour utiliser la visualisation dans votre vie et pour maximiser vos résultats

1. Vous devez avoir un but ou une cible comme s'il existait déjà dans votre vie. Vous devez pouvoir l'imaginer « déjà existant ». Ceci se rapproche de la notion du « faire comme si », vue précédemment. Vous devez être orienté vers le but, la destination ! Ne vous embêtez pas avec le chemin que vous allez prendre. La vie vous montrera le chemin si votre attention est en direction de vos buts.

2. Ne craignez pas de commettre des erreurs ou de subir des échecs. Les erreurs permettent de rectifier votre course en direction de vos objectifs. L'apprentissage et la connaissance sont obtenus en essayant, en échouant et en réajustant. Votre esprit s'habituera à trouver les processus qui marchent vraiment pour vous après plusieurs essais.

3. Vous devez apprendre à avoir confiance en votre pouvoir de créer. Ne forcez pas les choses mais laissez au contraire faire les choses. Tant que vos pensées sont positives et tournées vers vos objectifs, la vie vous donnera les conditions favorables à leur accomplissement.

4. Imaginez tout ce qu'il vous est possible d'imaginer en rapport avec votre objectif. Plus vous vous entrainerez à faire cela et plus vous arriverez à avoir une vision claire et détaillée de ce que vous voulez vraiment. Imaginez avec vos 5 sens. La visualisation ne correspond pas qu'à des images. Ce sont aussi des sons à l'image du joueur de billard, mais aussi des odeurs, peut-être des textures, etc.

5. Pensez-y le plus souvent possible. C'est la répétition qui vous amènera de beaux résultats. Tout comme une nouvelle habitude met du temps pour devenir naturelle, entraîner son cerveau à visualiser ce que l'on veut avec détails demande également de développer ces capacités-là.

6. N'oubliez pas que ceci n'a d'importance que si vous y associez des émotions. Ce sont les émotions qui jouent un rôle fondamental dans la loi de l'attraction. Sans émotion, il n'est rien. Nourrissez vos visualisations des émotions positives qui vous font vibrer et vous sentir bien.

Une nouvelle fois, tout ce processus fonctionne notamment par imagerie mentale. Mais cela peut-être également des sons, des odeurs, des sensations, des couleurs, des émotions, etc. Visualisez vos objectifs avec ces éléments et sentez-vous bien. Laissez la vie vous apporter ce dont vous avez besoin, car le fait de voir à l'avance ce que vous aurez va faire une grande différence dans votre vie.

Avoir cette capacité de visualiser à l'avance les résultats que l'on veut obtenir permet alors d'améliorer considérablement tous nos accomplissements. C'est une formule magique ! Mais vous devez trouver celle qui vous convient le mieux concernant chacun de vos objectifs. Par exemple, le joueur d'échecs visualise en images alors que le joueur de billard imagine le son de la boule qui tombe dans le trou. Ils y ajoutent peut-être d'autres éléments mais il y a cet ingrédient principal. Plus vous aurez cette faculté à visualiser de la bonne façon vos objectifs et plus vous verrez des résultats étonnants dans votre vie.

Nous pensons en images. Ainsi, vous savez déjà visualiser. Vous savez déjà imaginer. Le tout est maintenant d'avoir l'esprit assez affûté pour pouvoir reproduire à volonté et avec autant de détails que possible tous vos objectifs et rêves dans votre tête ! Ceci est une des clés qui vous amènera loin dans la vie.

LA COMPÉTITION SPIRITUELLE

J'ai beaucoup d'émotions en écrivant cette partie car elle est tellement peu reconnue et pourtant tellement bienfaitrices. Vous le savez peut-être, j'ai eu l'occasion de participer à des compétitions mondiales et de devenir champion du monde il y a quelques années de cela. Mon expérience dans la compétition a été un véritable chemin dans mon développement personnel. J'ai tellement appris dans certaines expériences, notamment les plus tragiques sur le papier, que je me fais une joie de partager ici un concept qu'on voit rarement puisque peu le comprennent. C'est celui de la compétition spirituelle.

Je vous parle ici de gagner en toute circonstance. Pourtant, que dire de deux champions qui s'affrontent en duel. Il y aura forcément un gagnant et un perdant. Toute notre société est d'ailleurs fondée sur ce principe de compétition. Il faut toujours être le meilleur et seuls les meilleurs ont droit de choisir les meilleures options qui s'offrent à nous dans notre jeunesse.

Tout ceci est valable si on se place d'un point de vue égo, notion que je traite dans le chapitre suivant. Ceci est valable si on joue contre les autres pour être le meilleur. Or, il y a mieux et beaucoup plus sain. J'ai payé cher dans certaines défaites pour comprendre que la véritable compétition ne se fait pas avec les autres, mais avec soi-même. Et cela fait toute la différence.

En réalité, la compétition est quelque chose de magique car elle nous permet de nous confronter aux autres et de pouvoir mesurer nos résultats plus facilement. L'erreur que nous faisons est alors de nous juger en fonction des autres et non en fonction de nous-mêmes. Ce qu'il faut comprendre ici, c'est que les autres nous permettent seulement de nous sublimer, de nous dépasser, de voir plus grand, d'oser aller plus loin que là où l'on se serait arrêté si on était seul. C'est le pouvoir du groupe qui veut que l'on se transcende. On ne veut pas être celui ou celle qui tombe le premier. Bien que cette analyse soit égo, elle nous permet de nous dépasser et de nous prouver à nous-mêmes que l'on peut aller plus loin.

La compétition spirituelle entre en compte lorsque l'on ne s'occupe plus du résultat sur le papier mais du résultat qui se produit en nous. Une défaite peut faire mal. Faire moins bien que les autres peut faire mal. Mais ce qui compte n'est pas de voir que l'on a été moins bon que l'autre, mais de comprendre pourquoi on n'a pas fait mieux et qu'est ce qui aura pu être différent. Quand on va chercher les raisons, à l'intérieur de nous-mêmes, de nos échecs ou de ce qu'on considère comme tels, alors la magie se crée. On est alors dans une démarche de progression même dans la défaite.

Ce qu'il faut comprendre ici, c'est que la défaite n'existe que d'un point de vue égo, d'un point de vue mental. Si on se place du point de vue de l'être, il n'y a que des possibilités de grandir et de ressortir plus fort de toute expérience. Lorsque l'on essaie de voir le positif dans toute chose, de comprendre pourquoi on est tombé et comment on pourra faire mieux la prochaine fois, alors la défaite n'existe plus et on devient un éternel gagnant. Gagnant dans l'être. Gagnant dans notre évolution. Gagnant dans notre bien-être.

On peut gagner en toute circonstance en se plaçant d'un point de vue évolution et apprentissage. Gagner offre peu d'avantages car on n'a aucune remise en question à faire. Lorsque l'on perd, on a une foule de possibilités pour évoluer et le désir profond de vouloir rééditer l'expérience avec les nouvelles techniques que l'on a apprises pendant ce combat.

Je vous invite à instaurer cela dans votre vie, de toujours voir en quoi une défaite, un échec ou une situation à priori désagréable, peut vous apprendre sur vous-mêmes et vous permettre d'évoluer et de devenir meilleur. Ceci vous donnera matière à devenir plus fort, plus heureux, et à développer une réussite hors du commun.

Je le répète encore une fois ici pour que ce soit très clair pour vous. Nous confronter aux autres est la meilleure façon de nous sublimer. Mais ne comparez jamais vos résultats, ceci est relativement malsain et cause beaucoup de tort aujourd'hui, notamment dans notre système éducatif. Voyez toujours ce que ces confrontations peuvent vous apporter et comment en ressortir plus fort personnellement. Peu importe que l'on gagne ou que l'on perde sur le papier. Ce qui compte est que vous gagniez en permanence dans votre être profond.

CONCLUSION DE CE CHAPITRE 5 SUR L'ART DE GAGNER AVANT D'AVOIR JOUÉ

Ce chapitre est là pour vous faciliter la vie en vous fixant des règles de vie qui vous permettent de gagner tout le temps. Ne croyez pas que le taux de chômage vous empêchera de trouver du travail. Dites-vous au contraire que vous avez tout ce dont vous avez besoin pour réussir et lancez-vous. Le simple fait de passer des entretiens sera une victoire sur ceux qui ne font rien car vous gagnerez en expérience et en confiance. Vous pouvez vous fixer des règles dans tous les domaines pour améliorer votre vie de façon considérable.

Ensuite, utilisez votre capacité à visualiser vos objectifs déjà atteints, de façon à décupler vos résultats. Lorsque vous pouvez imaginer, sentir et savoir que vous avez ce potentiel énorme de réussir ce que vous entreprenez, tout devient beaucoup plus facile ! Utilisez ces habitudes de champion pour faire de votre vie un moment extrêmement plaisant, et pouvoir gagner en toute circonstance.

Enfin, cherchez toujours à apprendre et à évoluer en toute circonstance et surtout pendant les moments durs, les défaites et les échecs. Ceci fera de vous un éternel gagnant.

La vie est avant tout un terrain de jeu vierge de toute règle.

Ne vous prenez pas trop au sérieux et vivez la vie avec légèreté.

Rien n'est grave et tout arrive pour une bonne raison.

Fixez-vous des règles qui vous permettent de gagner en toute situation comme « *Tant que je ferai mon maximum pour arriver au meilleur résultat, je serai fier de moi* ».

Utilisez la visualisation au service de vos résultats.

SYNTHÈSE VISUELLE CHAPITRE 5

Prenez un moment pour vous imprégner de ce dessin sur le jeu de la vie

CHAPITRE 6 : COMMENT METTRE L'EGO AU SERVICE DE LA LOI D'ATTRACTION DANS SA VIE

Nous allons désormais traiter un sujet d'une importance capitale. Nous avons vu jusqu'ici de grands secrets sur la loi de l'attraction pour la mettre au service de votre vie. Celui dont je vais vous parler ici est délicat.

Je pense que vous comprenez à présent la portée que peuvent avoir nos pensées et nos émotions. D'une façon générale, rien n'est impossible à celui qui croit. Si vous croyez être capable de quelque chose, alors vous en êtes capable. A l'image de Mark Twain, célèbre auteur du 19e siècle qui a dit la chose suivante :

> « *Ils ne savaient pas que c'était impossible,*
> *alors ils l'ont fait !* »

Vous pouvez peut-être encore douter de ce genre de choses. Pourtant, quand on s'intéresse vraiment à ce dont l'être humain est capable, on trouve des traces de personnes ayant réalisé de véritables miracles dans leur vie. Je ne souhaite pas entrer dans les détails ici car il vous est libre de vous documenter sur ce sujet, et les exemples que je pourrais donner pourraient vous rendre trop perplexes.

Mon objectif n'est donc pas de parler de miracles incroyables que la plupart des gens voient comme des légendes. Mon but est de vous montrer les choses extraordinaires que vous pouvez attirer dans votre vie avec une attitude correcte. Dans ce chapitre, nous allons faire la lumière sur l'ego, et plus précisément sur les objectifs motivés par l'ego et ceux motivés par le cœur.

Les objectifs qui nous font vibrer sont toujours reliés au cœur, à ce quelque chose qui semble bien plus grand que nous. Lorsque l'on vibre pour un tel but, alors la magie se met en marche dans notre vie.

En revanche, beaucoup axent encore leurs efforts sur des objectifs purement égoïstes. Égo signifie ici qu'ils sont issus de l'ego. Par exemple, vous détestez l'entreprise dans laquelle vous travaillez et vous décidez d'en créer une pour faire concurrence et faire couler l'autre. Ceci est motivé par des émotions issues de l'ego.

Ce que vous devez savoir, c'est que ce genre d'attitude se retournera toujours contre vous. Et je vais illustrer cela par une histoire qui vous parlera à coup sûr...

L'HISTOIRE DE L'HOMME A L'EGO SURDIMENSIONNÉ

En regardant dans l'Histoire, on se rend compte que certaines personnes ont également réalisé de mauvaises choses. Le bien et le mal sont 2 notions très abstraites et qui diffèrent d'un individu à un autre, mais une personne qui veut faire du mal aux autres est une réalité concrète.

Pour cela, je vais seulement citer une personne qui, dans nos cœurs, est certainement celle qui a été la plus terrible. J'ai nommé Adolf Hitler.

Adolf Hitler a mis en application la loi de l'attraction comme personne. Son plan diabolique s'est réalisé d'une façon spectaculaire. Si aujourd'hui, je vous disais qu'un tel scénario serait encore possible, vous auriez certainement du mal à le croire. Pourtant, c'est entièrement possible à partir du moment où une personne se focalise suffisamment sur quelque chose, avec la puissante volonté de l'obtenir et de tout faire pour que ça se réalise.

C'est ce qu'a fait Hitler, aussi fou que cela puisse paraître. Il désirait plus que tout au monde mettre son plan à exécution. Et il l'a fait.

Il a eu le temps de causer beaucoup de tort mais quel a été le résultat pour lui ? De la haine, des accusations qui menèrent à son suicide à l'âge de 55 ans.

Pourquoi en a-t-il été ainsi à votre avis ?

La réponse réside dans le fait que tout son plan était purement dirigé par son ego. Il n'a jamais été lui-même sinon un tel acte est tout simplement impossible à réaliser, ni même à penser.

L'ego...

Hitler n'était pas maître de lui-même. Peut-être que son passage dans l'histoire et ce qu'il a fait a été nécessaire et a empêché quelque chose de pire d'arriver. On ne peut vraiment savoir cela, d'où les notions abstraites de bien et de mal. Mais la vérité concernant Hitler est qu'il voulait répandre le mal.

Alors certes, il a réussi à mettre en œuvre son plan jusqu'à un certain point, ce qui est extraordinaire d'un point de vue objectif, sans jugement de ce qu'il a fait.

Si vous pouviez appliquer de la même façon la loi de l'attraction dans votre vie pour la bonne cause, votre vie serait merveilleuse à tout point de vue.

L'exemple d'Hitler est parlant et on peut en trouver des similaires dans de nombreux cas. Il est un exemple à suivre dans l'attitude qu'il a eue pour accomplir ce qu'il voulait, mais il ne l'est absolument pas concernant son objectif principal. Vous ne devriez jamais avancer vers des objectifs qui sont en lien avec l'ego. Un objectif vrai et bon est forcément issu de votre moi profond et existe pour le bien de l'humanité.

DEFINITION DE L'EGO

Il est difficile de donner une définition de l'ego tellement on en trouve beaucoup. L'égo est l'identité séparée qui peut s'associer à la personnalité et au mental. Votre ego étiquette tout ce que vous voyez, sentez, entendez et vivez.

Votre ego est relié au passé et au futur. Il prend racine dans vos expériences passées et dans vos aspirations futures.

Votre ego juge et essaie toujours de se justifier.

Votre ego n'est pas vous-même. Votre ego tente de vous faire croire qu'il est vous alors qu'il ne l'est pas.

Vous êtes en réalité beaucoup plus que l'ego. Quand on arrête de penser, de juger et que l'on regarde ce qui est tel quel, sans apposer d'étiquette, sans nous identifier, sans faire de lien avec ce que nous connaissons et ce que nous croyons, alors nous sommes nous-mêmes.

Être soi-même est loin d'être chose facile puisque notre société ne nous invite pas à être.

On nous fait croire que l'on est dans un monde de compétition, dans un monde de lutte, dans un monde où se battre permet de résoudre les problèmes, dans un monde où la quête d'argent fait de nous des personnes importantes.

Rien de tout cela n'est vrai. Tout cela est lié à l'ego. Tout ceci est égo...

COMMENT RECONNAITRE L'EGO EN ACTION

Il n'est pas non plus toujours facile de déterminer quand est-ce que l'on est sous l'emprise de l'ego ou que l'on est soi-même.

Pourtant, ceci s'avère d'une importance capitale car, encore une fois, votre but doit être en accord avec qui vous êtes vraiment et ce que vous voulez vraiment au fond de vous. Et ceci, indépendamment de ce que vous dit votre mental.

Plus vous serez à même d'être dans le moment présent dans votre vie, plus vous serez apte à reconnaître quand l'ego entre en jeu. D'une façon générale, chaque fois que vous vous sentez mal ou que vous exprimez un sentiment négatif, alors c'est que votre ego a pris la première place.

Mais à partir du moment où vous êtes capable de déceler ces moments-là, c'est que vous avez déjà une présence suffisante pour sentir et pouvoir agir sur cela, c'est-à-dire de faire en sorte de revenir dans le moment présent.

Comme nous l'avons vu dans le chapitre 3, le passé et le futur n'existent pas dans le moment présent. Or, l'ego est attaché à cette notion de temps et veut à tout prix faire des liens avec votre passé et les pensées que vous entretenez vis-à-vis du futur.

Cela signifie que chaque fois que votre esprit commence à naviguer sans que vous n'exerciez un vrai contrôle dessus, l'ego vient vous jouer des tours. En essayant de s'accrocher à vos références passées, à vos croyances et à ce qui semble vous attendre dans le futur, il en tire des conclusions pour vous.

Vous devez avoir cette vigilance d'esprit qui vous permet de déceler lorsque l'ego entre en action pour ne pas accepter toutes ses conclusions comme vraies.

Avoir des pensées est un processus normal qui fait partie de nous-mêmes. Mais nous seuls décidons du poids que nous accordons à ces pensées. Une pensée est objectivement neutre. Toutefois, l'ego va attribuer des étiquettes à chacune de vos pensées et va même les juger.

C'est le fameux bavardage mental, incessant chez certaines personnes, qui est entièrement contrôlé par l'ego, qui va s'en nourrir jour après jour pour garder le contrôle sur votre personne.

Il va donc se rattacher à ce que vous connaissez et à vos croyances de façon à toujours se nourrir de ce qu'il aime. Et d'une façon générale, l'ego aime le négatif, la sécurité et tout ce qui peut ne pas vous faire passer à l'action.

Votre ego n'est pas vous !

Apprenez à discerner votre ego de qui vous êtes vraiment. Je ne vous demande pas de vous détacher entièrement de votre ego du jour au lendemain car cela demande des années de pratique. Mais commencez au moins à identifier lorsqu'il entre en action. Il se peut même que vous soyez en permanence sous l'emprise de ce dernier. Je vous donnerai diverses astuces pour vous détacher de cet ego à la fin de ce chapitre.

FORT EGO VERSUS GROS EGO

Nous voici arrivés à la partie qui me tient le plus à cœur dans ce chapitre. Beaucoup de personnes qui utilisent la loi d'attraction commettent l'erreur immense de ne se préoccuper que de leur propre personne. Tout comme l'était Hitler. Tout comme le sont beaucoup de personnes.

Beaucoup se croient altruistes parce qu'ils sont prêts à aider les autres. Mais ce qu'ils veulent véritablement, c'est attirer l'attention et nourrir leur ego de reconnaissance. Certains veulent être les plus riches, les meilleurs, les plus à l'aise, etc. Ce ne sont que des exemples et ces objectifs sont objectivement très bons... à condition qu'ils respectent une règle simple qui est la suivante.

Vos objectifs ne doivent pas être nourris par l'ego. Et je vais vous dire pourquoi j'en suis venu à cette conclusion. Je me suis pendant longtemps demandé pourquoi il existait des personnes riches et heureuses, des personnes pauvres et heureuses, des personnes riches et malheureuses et des personnes pauvres et malheureuses.

Cela me semblait illogique. Nous sommes dans un monde où, avoir plus, semble être un objectif que nous devons tous partager. Or, certaines personnes obtenant beaucoup n'obtenaient pas ce bonheur promis.

Alors qu'est-ce qui cloche pour ces personnes ?

La réponse est simple. Quand vous n'avez en tête que d'obtenir toujours plus, peu importe ce que vous obtenez, vous n'êtes jamais satisfait. Car la quête du vouloir plus conduit à un seul résultat : vouloir plus sans être jamais rassasié. Et ceci est un cercle vicieux dans lequel beaucoup sont tombés.

C'est d'ailleurs pourquoi certains groupes comme les moines tibétains font en sorte de ne rien posséder ou le minimum possible afin de pouvoir apprécier la vie à sa juste valeur.

Quand on ne cherche plus à posséder plus, on se rend compte peu à peu de ce que la vie a à nous offrir, et ce qu'elle nous offre chaque jour. Aveuglé par la recherche de biens, on ne voit parfois même plus ce que nous possédons déjà. Ou du moins, on ne l'apprécie plus.

Les personnes dans ce cas ont un gros ego ! Celui dont vous devriez vous débarrasser. Car un gros ego a besoin d'être nourri abondamment chaque jour et vous devrez alors faire des choses qui ne vous ressemblent pas pour le satisfaire.

Les personnes qui sont dans ce cas peuvent difficilement utiliser la loi de l'attraction à leur avantage. Car l'ego veut toujours plus et cherche à se satisfaire de votre insatisfaction.

C'est pourquoi vous devez être aligné ou en accord avec ce que vous voulez vraiment. Si ce que vous voulez vous est dicté par l'ego, alors il en réclamera toujours plus et vous ne serez jamais pleinement satisfait.

Cela me permet de faire référence à la gratitude que nous avons vue précédemment. Apprécier ce que l'on a fait toute la différence dans notre vie car on est alors dans un sentiment de satisfaction et d'amour profond pour ce que la vie nous donne chaque jour.

La vie est abondance mais l'ego ne le voit pas de cet œil.

Avoir un gros ego vous conduira toujours à une source d'insatisfaction. Ce qui est un atout, en revanche, est d'avoir un <u>fort</u> ego.

Les personnes qui ont un fort ego sont celles qui utilisent l'ego à leur avantage pour déterminer avec précision ce qu'elles veulent.

Et ceci fait toute la différence puisque l'ego vous sert, et non l'inverse. Lorsque vous maitrisez votre ego, vous faites en sorte que celui-ci vous guide vers ce que vous voulez vraiment. Il vous sert à mieux vous écouter, à écouter votre cœur et à faire taire toutes ces pensées parasites qui vous empêchent souvent d'obtenir ce que vous voulez.

Tout ceci est paradoxal puisque se détacher de l'ego fait partie du chemin sur la voie de l'être. Toutefois, dans un monde dominé par l'ego et où la croissance par la lutte est présente, avoir un fort ego peut être un atout immense.

COMMENT UTILISER L'EGO A SON AVANTAGE

L'idée de ce chapitre est donc de dompter son ego de façon à l'utiliser à son avantage. Autrement dit, c'est de développer un fort ego au détriment d'un gros ego !

Avoir un fort ego permet de passer sa vie à un niveau que peu de gens se permettent d'atteindre aujourd'hui. Car cela permet de se diriger vers ses rêves de façon certaine.

Combien de fois vous a-t-on découragé dans votre vie ? Découragé de faire ce que vous aviez envie de faire ? Découragé de faire les choses différemment des autres ? Découragé d'avoir été ambitieux ou présomptueux dans vos capacités ? Découragé d'avoir voulu prendre des risques ?

Peut-être avez-vous eu la chance de tomber dans un environnement extrêmement propice au succès dès votre plus jeune âge. Mais je doute alors que vous seriez en train de lire ce livre. Si vous êtes comme la majorité des gens, alors on vous a freiné dans ce que vous vouliez vraiment. Il n'y a personne à blâmer pour cela. Votre famille a toujours voulu le meilleur pour vous. De même pour vos amis. Mais ils vous ont mis en garde contre leurs propres peurs qu'ils vous ont transmises.

C'est le propre de notre société actuelle que de trop penser. Et qui dit penser, dit ego. L'ego et ses peurs, ses craintes, ses doutes. Il se nourrit des dires de vos proches pour vous empêcher d'aller là où vous voulez aller et de devenir la personne que vous rêvez d'être.

Aujourd'hui, vous avez le choix de mettre fin à tous ces schémas-là en adoptant un fort ego. Cela commence comme toujours par de petits pas pour dompter votre ego et en faire un allié…

Cela signifie que vous allez devoir écouter votre cœur et utiliser l'ego pour affirmer ce que vous voulez vraiment. Avoir un fort ego est comme synonyme d'avoir une forte personnalité. Cela signifie que vous pouvez dire non à ce que les autres disent. Cela signifie que vous pouvez entreprendre tout ce qui vous semble bon pour vous, indépendamment de tout ce que vous disent les autres.

Combien d'enfants sont envoyés dans de mauvaises directions dans leurs études, tout ça pour assouvir le besoin de sécurité de leurs parents ? Beaucoup trop !

Pourtant, nous naissons tous avec des aptitudes spécifiques, avec des caractéristiques propres et un chemin qui nous est tracé à l'avance. Que vous le croyez ou non, vous ne débarquez pas sur Terre comme par hasard dans un monde hostile où vous n'avez pas votre place. Vous avez votre place ! Vous avez des attirances particulières ! Certains parlent de mission, d'autres de chemin de vie, d'autres encore de raison de vivre. Découvrir cela ne demande que de s'écouter soi-même et d'oser être la personne que l'on devrait être.

Quand je vois le nombre de personnes en entreprise qui ont un métier gagne-pain qui ne leur procure aucun plaisir, cela me fait tourner la tête. La peur les terrorise. Leur ego est surdimensionné et se gave de tout ce qui peut les garder dans la sécurité. Cette sécurité qui est synonyme de paradis pour l'ego et de non-sens pour l'être.

Pensez-vous aujourd'hui pouvoir dire non à ceux qui vous empêchent de réaliser vos rêves, et oui à ce que vous ressentez vraiment au fond de vous ? Pensez-vous pouvoir mettre de côté les informations négatives et garder dans votre cœur les informations positives qui vont dans le sens de ce que vous voulez vraiment ? Ceci n'est en rien de la naïveté ou une fermeture à la réalité. C'est seulement une logique imparable qui vous permettra de vivre une vie qui vous ressemble beaucoup plus.

Vous pourrez ainsi oser être la personne que vous souhaitez être, oser faire ce que vous souhaitez faire, oser aller de l'avant et réaliser vos rêves.

En domptant votre ego, vous pouvez faire cela. Entraînez-vous à dire NON à ce qui vous bloque et OUI à ce qui vous excite, vous fait pousser des ailes, vous fait remuer les tripes ! Référence au chapitre quatre, écoutez sans retenue seulement les personnes qui ont déjà obtenu ce que vous voulez. Car seules ces personnes connaissent les secrets de votre réussite. Ne vous gavez plus des informations qui vous maintiennent là où vous ne voulez plus être. Rangez-vous du côté de ceux qui osent aller de l'avant. Osez prendre des risques si vous sentez que ce serait mieux pour vous. La vie est suffisamment courte pour arrêter de tergiverser sur le pourquoi du comment.

Domptez ce satané ego, faites-le taire et affirmez-vous. Je ne vous demande pas de ramener la lune dès demain. Je vous demande de faire ces premiers pas qui vont vous conduire vers la voie du mieux-être et de l'accomplissement.

Vous seul avez les clés en mains. Les serrures sont devant vous. Vous savez en votre for intérieur quelle porte vous devez ouvrir. Même si vous ne savez pas ce que vous trouverez derrière cette porte, vous pouvez sentir cette attirance. Alors, allez-vous tournez la clé dans la serrure de la porte donnant sur un monde que vous connaissez par cœur, qui est votre quotidien, où vous savez qu'il n'y a pas ce que vous cherchez ? Ou allez-vous tournez la clé dans la serrure de la porte donnant sur l'inconnu mais pour lequel vous avez une attirance certaine et l'intime conviction que vous devez y aller ?

En d'autres termes, donnez-vous le pouvoir à votre ego ou utilisez-vous le pouvoir de l'ego à votre avantage ?

Il n'y a pas de recette miracle. On ne vous prendra pas par la main. Si une personne doit prendre cette décision et oser faire ce qu'elle souhaite faire, c'est vous ! Vous savez que ce que je dis là est vrai. Vous savez que vous avez ce pouvoir.

Vous savez aussi que vous avez certaines contraintes actuelles. Encore une fois, je souhaite insister sur les petits pas. Ne prenez pas des choix inconsidérés sans prendre en compte les gens qui vous entourent et les circonstances dans lesquelles vous faites ces choix. Mais prenez la décision aujourd'hui d'agir en direction de ce que vous voulez vraiment. Cet engagement vous emmènera très loin et il n'y a certainement pas de ligne d'arrivée. Mais ce voyage vaut le coup d'être vécu.

CONCLUSION DE CE CHAPITRE 6 SUR L'EGO ET LA LOI D'ATTRACTION

Vous l'aurez compris, l'ego peut être votre allié dans l'utilisation de la loi de l'attraction et l'atteinte de vos désirs. Mais seulement à une condition : celle de le dompter !

La grande majorité de la population de la Terre vit aujourd'hui sous le joug de leur propre ego. Les gens sont facilement blessés dans leur amour propre. Une réflexion mal placée et cela peut prendre des proportions démesurées. Pourtant, cette personne qui réagit, ce n'est pas vous. C'est qui vous croyez être. C'est votre ego.

Votre ego trouve satisfaction dans l'insatisfaction. Il existe pour vous mettre des barrières et vous faire comprendre que vous grandissez seulement en tirant des leçons de vos expériences. C'est pourquoi rien n'arrive jamais tout cuit dans notre bouche. Il y a toujours des enseignements à tirer et ceux-ci se font plus ou moins facilement et agréablement en fonction des situations.

Ce qui est toutefois certain, c'est qu'en mettant l'ego à votre service ou, comme mentionné dans ce chapitre, en développant un fort ego, vous pouvez passer votre vie à un tout autre niveau. Ce niveau est celui où vous mettez l'ego au service de votre cœur.

Vous savez au fond de vous ce que vous devez faire. Mais le mental analyse et analyse toujours plus pour trouver le pourquoi du comment, et finalement vous dissuader de faire ce que vous sentez bon de faire. Tout ça parce qu'il y a un risque, que les autres font différemment ou qu'on vous a dit qu'il ne fallait pas le faire pour telle ou telle raison.

Apprenez à vous écouter. Apprenez à écouter votre moi intérieur qui n'attend que de se révéler. Apprenez à vous faire confiance. Tout un chacun a le droit de se tromper et de faire des erreurs. Et c'est en faisant des erreurs que vous tirerez les meilleures leçons.

Utilisez votre ego pour vous affirmer, refuser ce que vous ne voulez plus et dire oui à ce que vous voulez vraiment. En réalité, vous pourrez vous affranchir peu à peu de l'ego de cette façon et vous exprimer pleinement. C'est un chemin sur lequel vous vivrez à coup sûr des expériences belles et enrichissantes.

SYNTHÈSE CHAPITRE 6

Prenez un moment pour vous imprégner de ce dessin sur l'ego et la puissance du cœur.

La pleine puissance provient du coeur et l'ego doit être au service du coeur

L'ego analyse, le cerveau cogite pour comprendre le comment du pourquoi.

L'énergie du cœur est illimitée et donne la volonté d'avancer vers un idéal de notre être.

Le coeur met en oeuvre l'harmonie pour vous apporter ce dont vous avez vraiment besoin.

En mettant l'ego au service du cœur et non l'inverse, vous donnez une chance maximale à vos rêves de voir le jour.

CHAPITRE 7 : COMMENT VIVRE DES MIRACLES ET L'ÉTAT DE FLOW

Arrivée à la lecture de ce chapitre, votre capacité à appliquer la loi de l'attraction dans votre vie a dû se décupler. Et j'ai vraiment à cœur de vous faire comprendre et adhérer à l'idée que vous pouvez tout faire dans votre vie à condition de nourrir les bonnes croyances en vous. Pour aller plus loin désormais, nous allons parler des miracles.

Si l'on peut tout faire et tout créer, alors nous avons le pouvoir de créer des miracles dans notre vie pour le meilleur. Alors avant toute chose, qu'est-ce qu'un miracle ?

Un miracle n'est autre qu'un événement grandiose qui semble plus grand que vous. Un miracle peut en être un pour vous et ne pas en être un pour d'autres en fonction de notre état d'esprit et de ce qu'on a l'habitude de vivre. D'une façon générale, c'est un événement sortant de l'ordinaire et qui vous impressionne.

Des miracles, on en voit tous les jours, mais on n'y prête pas forcément attention. Il y a également plusieurs types de miracles. Ceux qui nous paraissent anodins et dont on ne prête même plus attention, et ceux qui semblent venir d'un autre monde, quelque chose d'incroyable, que l'on n'avait jamais vu auparavant ou qu'il nous était impossible de croire possible.

Ces 2 types de miracles ont leur importance. Le premier est bien plus facile à faire ou à trouver car il dépend de ce qu'on connaît mais dont on n'attribue plus l'importance que nous pourrions lui apporter. C'est par exemple le miracle de la vie, le miracle de voir comment tout s'enchaîne parfaitement dans le monde. C'est aussi le miracle de la multitude d'espèces animales, végétales et minérales qui cohabitent sur la planète pour créer un ensemble cohérent et magnifiquement bien construit.

C'est aussi le miracle de reconnaître que nous avons la chance d'être qui l'on est et de pouvoir évoluer dans un monde qui nous oblige à évoluer. Les épreuves sont nombreuses, les récompenses et les déceptions également. Mais tous ces moments sont là et se manifestent dans nos vies pour nous apprendre ou nous faire comprendre certaines choses essentielles pour notre propre évolution.

Vous faites désormais partie des personnes qui ont compris qu'elles devaient prendre soin des pensées qu'elles entretiennent vis-à-vis d'elles-mêmes, mais aussi vis-à-vis des autres et de tout ce qui nous entoure.

Pour en arriver à cette conclusion, vous avez dû passer par certaines étapes. Pour certains, tout ceci s'est passé en douceur par des enseignements particuliers reçus à un certain moment de votre vie. Pour d'autres, cela s'est passé dans la douleur en prenant une grande claque de la vie, peut-être même en passant par de graves maladies, voire une dépression.

Nous sommes tous différents et évoluons différemment. Et nous connaissons tous des miracles, chaque jour.

La vie est création dans son ensemble. Rien n'est jamais immobile, en suspens, en attente. Tout vit, bouge, crée à chaque instant, vous y compris. L'être humain a cette capacité de créer en permanence. Et pour pouvoir le faire, il doit parfois intégrer certaines leçons apprises sur son chemin. Parmi ces leçons, il y a celle qui inclue la loi de l'attraction comme quoi nous attirons à chaque instant ce que nous vibrons et que nous attirons en retour des situations et expériences qui répondent à ces vibrations.

Ceci est le premier point que je souhaitais faire dans ce chapitre. Celui qui nous rappelle que nous vivons des miracles chaque jour et que la vie est miracle dans son ensemble. Beaucoup l'ont oublié. Beaucoup se plaignent, vivent dans la colère et la lutte pour obtenir toujours plus de colère et toujours plus de lutte. Penser améliorer une situation de cette façon est une illusion. Vous pouvez vous battre pour vos idéaux, et je vous recommande même de le faire, mais toujours dans un état d'esprit positif et tourné vers le bien. Les personnes qui vivent dans ces basses fréquences sont également sur Terre pour s'éveiller et pour appliquer ces mêmes principes évoqués ici.

CES ÊTRES QUI NOUS MONTRENT LE CHEMIN

Si je vous parle de Jésus, de Moïse ou encore de ceux qui communiquent avec les esprits et de ceux qui peuvent léviter, qu'en pensez-vous ? Pensez-vous que tout ce qui est raconté dans la religion ou dans les livres sacrés ne soit qu'un ramassis d'histoires à coucher dehors ? Peut-être et je respecte votre croyance si vous pensez que c'est le cas.

Que pensez-vous alors de la construction des pyramides suivant une logique mathématique que nous ne pourrions pas respecter aujourd'hui ? Que dire des cités souterraines qui ont été retrouvées comme l'Atlantide ? Des lieux mythiques construits sur de puissants centres énergétiques ? Vous n'êtes peut-être pas familier avec ces sujets-là. Je ne suis pas expert non plus mais suffisamment conscient pour comprendre qu'il s'est passé de nombreux événements dans l'Histoire qui nous dépassent littéralement aujourd'hui.

Ce sont peut-être des miracles... A moins que ce soit la vérité mais que notre inconscience nous empêche de croire aujourd'hui. Peut-être que les écrits ont enjolivé ou transformé les choses mais ne pensez-vous pas qu'il reste une part de vérité que l'on devrait arrêter de dénigrer ?

Si je vous raconte cela, c'est pour vous montrer que, pour certains, ces choses-là sont des fabulations, pour d'autres des miracles, et pour d'autres encore des choses complètement normales et pleinement compréhensibles.

Jésus a ressuscité, a changé l'eau en vin, a marché sur l'eau. Moïse a séparé une mer en 2 créant ainsi un passage pour aider son peuple à s'échapper. Quel est votre avis sur ces sujets ?

Ces textes sont certainement remplis de paraboles et de messages imagés, mais je vous invite simplement à reconsidérer ces éléments-là. Et tout compte fait, est-ce vraiment différent que de réunir une armée pour créer une race aryenne et décimer un peuple d'une religion particulière ? Je parle d'un point de vue « création » uniquement.

Je trouve personnellement plus absurde et fou ce qu'a fait Hitler plutôt que celui de marcher sur l'eau ou de léviter. Et pourtant, ça a existé récemment de façon que nous n'ayons aucun doute à ce sujet.

Il y a des lois physiques qui empêchent certaines choses, diront certains. La loi de l'attraction ou plutôt la loi de vibration est supérieure à ces lois dont vous faites peut-être allusion. Et ceci est prouvé par la physique quantique notamment, mais c'est un sujet qui dépasse le sujet de ce livre. Et la loi de l'attraction, comme vous le savez, répond à nos croyances.

DES CROYANCES AUX MIRACLES

Alors, revenons plus précisément sur ces croyances. Ces fameuses croyances ont tout pouvoir. D'un côté, elles nous sabotent, et de l'autre, elles nous délivrent. D'où l'extrême importance d'en prendre soin.

Certains font les mêmes choses que d'autres en obtenant des résultats complètement différents. Tout ceci est dû aux croyances que l'on entretient. Car les croyances influent sur notre façon d'être, de nous comporter et d'agir.

Deux hommes allant dans une même soirée avec pour objectif de séduire une fille n'obtiendront pas les mêmes résultats s'ils n'entretiennent pas les mêmes croyances. L'un peut être sûr de lui et se sentir à l'aise en allant parler à des filles de façon tout à fait naturelle. L'autre peut ne pas se sentir à l'aise et il va en faire trop ou pas assez sans jamais vraiment croire qu'une fille s'intéressera vraiment à lui.

Partant d'un même objectif et d'une action commune, celle de se rendre à cette soirée pour séduire, les résultats peuvent être complètement différents pour les deux individus.

De la même façon, 2 personnes entrant dans une société, dans le même service, au même moment et sur le même type de poste, connaitront une intégration différente car elles viennent de milieux différents avec une éducation différente, une façon de penser différente, et tout simplement des croyances différentes !

Cela fonctionne de la même façon dans tous les domaines et c'est pourquoi j'essaie de vous donner un maximum d'exemples.

Les croyances sont à la base de tout. Car ce sont des pensées que l'on a approuvées et que l'on pense vraies à 100%. On agit, on parle et on communique en fonction de ces croyances-là.

Alors quel rapport entre les croyances et les miracles, me direz-vous ? Le lien est évident ! Les personnes qui s'autorisent à vivre des expériences miraculeuses et à voir des miracles dans leur vie sont celles qui ont des croyances autorisant cela.

Si je crois intimement que ma vie est un miracle, que ce que je vis chaque jour est une succession de miracles m'aidant à progresser, et que je suis ouvert à tout ce qui pourrait se passer d'anormal ou de différent de ce que j'ai l'habitude de voir et de vivre, alors je nourris des croyances qui vont me faire vivre des miracles !

Ce que j'aimerais vous faire comprendre ici, c'est que vous avez le choix de nourrir les croyances avec lesquelles vous vous sentez le mieux.

Un exemple frappant pour moi est le sujet de la mort. Mon éducation m'a fait comprendre dans ma jeunesse que la mort n'est pas une bonne chose. Jusqu'à l'âge de 20 ans, j'étais persuadé que pour un mort, tout était fini et que ce qu'il restait de lui étaient les vers rongeant ses restes six pieds sous terre. C'est peut-être votre croyance et le fait de lire cela vous révulse. Eh bien moi aussi. C'est pourquoi j'ai développé une autre croyance à ce sujet en lisant de nombreux livres sur le sujet de la mort et en étudiant les livres écrits par *channeling* ou transmission médiumnique. Ceci a développé en moi une autre croyance qui est celle que la mort n'est qu'une étape et que, bien que le corps physique ne soit plus, l'âme continue son chemin.

Je ne vous demande pas de croire à cela si vous n'en éprouvez pas l'envie. Ce que je veux vous montrer, c'est que cette croyance m'a libéré de bien des maux. Je ne vois plus la mort comme une fatalité mais comme une délivrance pour de nombreuses personnes. Et tout simplement comme la suite logique de la vie qui s'annonce plutôt belle.

Je n'ai pas le désir de vous dire que cette croyance est plus vraie qu'une autre. Je souhaite simplement insister sur le fait que vous pouvez choisir les croyances qui vous font vous sentir bien. Et ceci n'est pas difficile.

Après tout, peu importe que ce que vous pensiez soit vrai. On ne vous demande pas de justifier chacune de vos croyances, et ce en quoi vous croyez vous appartient. Si le fait de croire en Dieu vous aide, alors croyez en Dieu. Si au contraire cette idée vous semble absurde, alors laissez-la de côté mais laissez les autres croire ce qu'ils veulent.

A partir du moment où vous faites en sorte de nourrir des croyances qui vous aident et vous font vous sentir bien, alors vous êtes le maître de votre vie.

EXERCICES POUR TRANSFORMER VOS CROYANCES

Voici quelques exercices pour vous aider à développer de nouvelles croyances ou encore à en changer. C'est l'étape la plus importance sur le chemin sur lequel vous êtes : celle de nettoyer vos croyances et de vous rapprocher de ce qui vous rend plus heureux chaque jour.

Exercice 1 : S'instruire...

Pour commencer, vous pouvez simplement déterminer toutes les situations dans lesquelles vous vous sentez mal, en identifiant le sujet principal et en vous instruisant sur ce sujet. Vous vous sentez mal dans vos relations ? Lisez des livres pour améliorer vos relations. Vous vous sentez mal vis-à-vis du manque d'argent ? Lisez des livres sur l'argent ! Ceci aura pour effet de combattre vos croyances et de vous apporter une façon différente de voir les choses. Plus vous avez d'éléments entre vos mains, et plus vous êtes apte à construire votre jugement sur de bonnes bases.

Vous pouvez vous aider du tableau suivant pour appliquer cet exercice.

Je me sens mal quand...	Sujet principal	Je m'engage à...
Je suis seul	Indépendance	Me renseigner sur comment apprendre à se sentir bien lorsque l'on est seul
Je dois payer mes factures	Argent	Lire 3 livres sur l'argent dans les 3 prochains mois
Je suis avec des inconnus	Relations	Assister à 2 conférences sur la confiance en soi
...	...	...

Exercice 2 : Faire « comme si »

Une technique que j'apprécie tout particulièrement est de faire « comme si », comme nous l'avons déjà vu dans le chapitre 1. Faire « comme si », c'est vous dire intérieurement « Ok, je ne me sens pas bien dans telle situation. Désormais, je vais faire mon maximum pour agir comme si je me sentais bien dans cette situation. ».

J'ai lu récemment le livre de Dale Carnegie « Comment se faire des amis » et en voici un passage qui illustre bien ce propos. C'est une citation de William James, professeur à Harvard qui explique ce processus :

« *L'action semble succéder à la pensée, mais, en réalité, l'action et la pensée se produisent simultanément. En menant une action qui est sous le contrôle de la volonté, nous pouvons indirectement gouverner les sentiments qui échappent à son influence. Ainsi donc, si nous avons perdu la joie, le meilleur moyen de la retrouver, c'est de nous comporter comme si elle était déjà en nous... ».*

C'est le même principe qui consiste à faire l'inverse de ce qui ne marche pas pour vous. Agir d'une telle façon ne semble pas vous apporter de résultats ? Faites l'inverse ! J'ai vu une personne donner 3 fois plus d'argent aux personnes qui vendaient ses produits. En vendant un produit à 17 euros, les revendeurs en touchaient 50 de l'auteur. Pourquoi ferait-il une chose pareille ? Parce qu'il n'arrivait pas à développer son réseau en proposant un deal classique comme « Vendez mes produits et je vous donne une commission de 70 % ». Non, ici c'était 300 %. La vraie force de cette proposition, c'est qu'un acheteur moyen de ses produits en achetait pour bien plus de 50 euros par la suite. L'auteur attirait donc bien plus de ventes de son produit d'appel et pouvait vendre à beaucoup plus de monde par la suite.

L'idée ici est que cette personne a imaginé le scénario inverse de ce à quoi tout le monde pense et de ce qui ne marchait pas pour lui. Il a donc challengé ses croyances en imaginant l'inverse de ce qu'il pensait marcher.

Provoquez la magie dans votre vie en faisant comme si vous aviez déjà ce que vous convoitez et vos croyances s'en trouveront parfois chamboulées !

Exercice 3 : Le patch logique

Le but de cet exercice est d'appliquer un *patch logique* à vos croyances limitantes. En informatique, un patch est comme une mise à jour ou une nouvelle version d'une application. On apporte des correctifs à une version existante afin que l'application répondre mieux aux attentes des utilisateurs.

L'idée ici est d'appliquer un patch logique à vos croyances limitantes afin qu'elles répondent mieux à ce que vous voulez vraiment.

Le patch logique a pour but de s'appuyer sur des expériences et des faits rationnels afin de prouver par A + B que votre croyance est erronée et qu'une mise à jour s'impose !

Ainsi, vous pouvez terrasser vos croyances limitantes par la logique ! Voici les étapes à suivre pour élaborer un patch logique

- Etape 1 : Exprimer votre ressenti vis-à-vis de l'objectif que vous visez en l'imaginant déjà atteint.

« Je me sens merveilleusement bien et profondément fier maintenant que mon business me rapporte 4000 euros par mois en n'y passant plus que 20h par semaine. »

- Etape 2 : Exprimez votre passion.

« Ma passion, c'est de créer et de développer de nouvelles choses comme des entreprises qui me tiennent à cœur. »

- Etape 3 : Enoncez la ou les croyances limitantes qui vous empêchent d'exprimer pleinement cette passion et d'atteindre vos objectifs.

« Le contexte économique est si difficile qu'il est extrêmement difficile de tirer son épingle du jeu. »

« Je ne mérite probablement pas plus qu'un autre de réussir. »

« J'ai peur de la réaction de mes proches en cas d'échec. »

- Etape 4 : Exprimez l'inverse de vos croyances limitantes.

« De nombreuses personnes réussissent dans ce contexte économique. »

« Il n'y a aucune raison que je ne réussisse pas avec mon envie de réussir et ma capacité à agir au maximum de mes capacités chaque jour. »

« Mes proches m'aiment aussi bien dans la réussite que dans l'échec. » ou « Peu importe ce que pensent les autres, je souhaite tenter ma chance et tout donner pour réaliser mes rêves. »

- Etape 5 : Enoncez ce qui vous comble le plus dans la vie.

« Je me sens comblé en pensant à mes entreprises florissantes. »

« Je me sens comblé à l'idée d'essayer et d'agir en direction de mes rêves. »

« Je me sens comblé quand je pense aux personnes extraordinaires que je rencontre dans mes activités professionnelles. »

- Etape 6 : Enoncez une série de faits indiscutables à l'appui de votre objectif.

« Je connais des personnes qui, en partant de rien, ont monté de très belles entreprises. »

« Mes proches m'ont déjà soutenu dans les épreuves difficiles et il n'y a aucune raison qu'ils ne recommencent pas. »

« J'ai déjà prouvé à maintes reprises que je suis un battant en gagnant telle compétition, en réussissant tel concours, en réalisant tel projet au sein de telle société, etc. »

Toutes ces étapes permettent de construire un scénario logique pour construire de nouvelles croyances. Votre patch se compose donc des éléments suivants :

« *Si* (passion) ma passion est de créer un business rentable dans le tourisme des petits villages français... »

« *Et que* je me sens comblé à l'idée de développer une entreprise... »

« *Et que* je me sens comblé à l'idée d'essayer et d'agir en direction de mes rêves... »

« *Et que* je connais des personnes qui en partant de rien ont monté de très belles entreprises... »

« *Et que* j'ai déjà prouvé à maintes reprises que je suis un battant en gagnant telle compétition, en réussissant tel concours, en réalisant tel projet au sein de telle société... »

« *Alors, il est logique de penser que* je suis tout à fait capable de créer ce business rentable avec les moyens dont je dispose et quel que soit le contexte économique actuel. »

Le patch logique vous permet de mettre à jour les croyances limitantes que vous avez par rapport à vos objectifs et de les remplacer par de meilleures. Vous pouvez mettre autant de « *Et* » que vous le souhaitez du moment que cela apporte un élément positif dans votre scénario.

Ayez en tête de toujours faire cet exercice en lien avec un but précis. En prenant le temps de faire cet exercice par rapport à des objectifs différents, vous verrez différentes croyances limitantes émerger et vous pourrez alors faire de grands pas en avant.

Mon objectif	...
Mon ressenti vis-à-vis de mon objectif atteint	...
Ma passion	...
Mes croyances limitantes vis-à-vis de cet objectif	...
L'inverse de mes croyances limitantes	...
Ce qui me comble le plus dans ma vie	...
Les faits indiscutables vis-à-vis de mon objectif	...
Mon patch logique	Si ..., et que ..., et que ..., et que ..., alors, il est logique de penser que...

Cet exercice est inspiré de Gregg Braden dans son livre *La guérison spontanée des croyances*.

Il n'est pas évident que vous trouverez toutes les ressources pour éliminer toutes vos limites grâce à ce patch. Car cet exercice a une limite : la rationalité.

On ne peut toujours tout expliquer avec des concepts rationnels. C'est malheureusement l'erreur que font beaucoup de gens : *penser que l'on peut tout expliquer rationnellement.*

D'où l'intérêt de développer ses croyances afin que les miracles fassent partie intégrante de votre vie. Pour développer ce sens du miracle, je vous invite à vous pencher sur deux autres exercices que vous pouvez appliquer à chaque seconde de votre existence.

UN ÉTAT D'ESPRIT AU SERVICE DE LA MANIFESTATION DES MIRACLES ET 2 APTITUDES À DÉVELOPPER

Pourquoi y aurait-il des personnes qui vivent des expériences exaltantes, qui vivent de véritables miracles, qui renouvellent leur vie en permanence, alors que d'autres restent dans la monotonie sans jamais rien connaître de neuf dans leur vie ? En trois mots : l'état d'esprit.

Votre état d'esprit est ce qui conditionne votre existence dans son ensemble, je ne le répèterai jamais assez. Nous allons donc voir 2 exercices pour faire que votre état d'esprit vous conduise à apprécier des miracles dans votre vie.

Exercice 1 : Ouverture d'esprit

Plus qu'un exercice, ceci devrait devenir une philosophie de vie pour vous. Être ouvert d'esprit vous permet de passer votre vie à un tout autre niveau. La plupart des gens aujourd'hui sont enfermés dans leurs propres croyances et leurs propres idées. Essayez donc de convaincre quelqu'un qui a tort mais qui est convaincu qu'il a raison... Extrêmement difficile et source de conflits.

Pourtant, c'est cette capacité à nous ouvrir à la nouveauté, à admettre que l'on ne sait pas tout, à reconnaître que l'on n'a pas toujours raison même si on pense que c'est le cas, à s'autoriser à comprendre que nos idées ne sont pas les meilleures et à adopter celles des autres plus pertinentes.

Tout ceci correspond à l'ouverture d'esprit. Certains en parlent également sous le terme d'indice d'enseignabilité. Ces 2 principes sont très proches. Quand vous êtes capable de construire vos idées tout en étant prêt à les remettre en cause à tout instant si cela vous semble juste, alors il se passe forcément de nouvelles choses dans votre vie.

Une vraie ouverture d'esprit vous ouvre aux miracles. Etes-vous seulement prêt à voir des choses que vous ne connaissez pas ? A comprendre certaines choses que vous n'aviez finalement pas si bien comprises ? A redécouvrir la signification et la puissance de choses simples qui vous paraissent aujourd'hui complètement anodines ?

Je vous invite à être dans cette attitude d'ouverture totale qui met l'ego de côté pour s'intéresser à la Vérité. Un des objectifs de cet exercice, ou philosophie de vie, est d'oublier définitivement l'objectif qu'a l'ego de vouloir avoir raison. On se fout de qui a raison quand on comprend que la remise en question de ce que l'on sait peut nous apporter bien plus à tout point de vue.

En tant qu'exercice pratique, à partir de maintenant, chaque fois que quelque chose vous paraîtra impossible, tiré par les cheveux ou qui réveillera en vous un loup prêt à mordre, posez-vous la question de savoir pourquoi vous pensez cela et ce que cela vous apporterait de changer votre point de vue. D'une façon générale, vous pouvez augmenter considérablement votre niveau de bien-être en vous ouvrant à la nouveauté à chaque instant. Comme toujours, préférez les croyances qui vous font vous sentir bien et osez croire à l'incroyable.

Exercice 2 : Concentration et contemplation

La concentration et la focalisation sont ces aptitudes qui permettent à un individu de mettre en application la loi de l'attraction de façon intentionnelle. En créant des autosuggestions ciblées vous permettant de vous focaliser sur ce que vous voulez et de vous ouvrir à la nouveauté, dont les miracles, alors vous vous autorisez à prendre votre vie en main.

La concentration permet à la fois de voir ce que l'on ne voyait pas auparavant, et de créer la magie dans ce que l'on fait. Une concentration intense amène toujours de très bons résultats. Nous sommes peu habitués à nous concentrer de façon très intense sur un élément en particulier. En créant des autosuggestions sur lesquelles vous allez focaliser régulièrement et pendant une durée soutenue, vous allez expérimenter des choses merveilleuses.

Voici donc quelques autosuggestions que vous pouvez adopter ou dont vous pouvez vous inspirer. Toutes ne nous correspondent pas mais chacun est sensible à des mots différents.

- Je suis reconnaissant pour toutes les bénédictions que je reçois chaque jour

- Merci pour tout ce qui m'arrive

- La lumière qui m'habite accomplit des miracles dans ma vie, ici et maintenant.

- Je suis prêt à vivre des expériences incroyables dans ma vie

- J'ai hâte de vivre des miracles

- Je m'ouvre aux miracles de la vie qui sont partout et pour mon propre bien.

- Je suis un créateur de miracles

En complément de cet exercice classique, je vous invite à expérimenter l'art de la contemplation. Ce dernier consiste à observer comme vous n'avez peut-être jamais observé. C'est prendre un élément qui vous entoure, quel qu'il soit, et l'observer très attentivement pendant plusieurs minutes, en focalisant toute votre attention dessus. Et pour couronner le tout, trouvez le maximum de raisons pour lesquelles vous l'adorez. Voyez comme il est beau, comme il vous rend service, comme vous l'aimez. Pour faciliter cet exercice, vous pouvez choisir des éléments naturels comme un arbre. Cet exercice renforcera votre capacité de concentration, ainsi que celle d'émettre de la gratitude pour quoi que ce soit.

Exercice 3 : Cultiver l'attitude miraculeuse

Lorsque Jésus Christ faisait un miracle de guérison, il ne se disait pas « je vais aller soigner cette femme ». Il marchait dans les pas de Dieu. Il était en Connexion avec le Tout. Et la guérison passait à travers lui car il était l'être idéal pour cela et pour cette femme à ce moment donné. Dans ce genre de cas, on peut parler d'élu. Pourtant nous sommes tous élus. Nous avons tous notre note à jouer dans la Symphonie du Vivant. Et lorsque cette note a besoin d'être joué, il s'agit simplement de répondre présent, de céder la place au Souffle Vivant qui vient activer notre note.

C'est l'attitude de profonde Humilité : celle de reconnaître sa juste place et de laisser la Vie, le Divin s'exprimer sans condition à travers Soi. C'est tout un apprentissage et un entrainement quotidien que d'autoriser la vie à s'exprimer à travers soi. Mon invitation ici est simplement de mettre votre attention sur cela chaque jour. C'est de cultiver la Présence, cultiver le fait d'être disponible afin que la Vie fasse son œuvre à travers vous. Alors des Miracles peuvent se présenter. Ce n'est qu'en s'offrant à ce qui est inconnu, hors de notre écran radar, que les miracles peuvent se produire dans notre vie.

CONCLUSION DE CE CHAPITRE 7 SUR LA MANIFESTATION DES MIRACLES

Je souhaitais terminer ce livre en vous parlant de miracles car un des objectifs majeurs de celui-ci est de vous ouvrir à tout ce qui peut exister. La plupart des êtres humains sont limités du fait de leur éducation, leur environnement et les croyances qu'ils ont. Il suffit parfois de voyager dans un pays étranger pour se rendre compte de l'étendue de notre ignorance.

Ouvrez-vous au monde, ouvrez-vous à la vie, ouvrez-vous aux miracles. Plus vous serez ouvert à ce que vous ne connaissez pas et plus vous pourrez expérimenter de nouvelles choses et trouver de nouvelles idées dans tous les domaines. Le jour où j'ai banni le mot « Impossible » de mon vocabulaire, tout a commencé à changer pour moi. Tout est devenu différent. Quand on ne se borne plus à ce que l'on sait et que l'on est prêt à remettre en doute tout ce qu'on a toujours cru, alors il peut se passer de véritables miracles. Les changements que j'ai connus dans ma vie sont des miracles. Vous en avez peut-être connu aussi, vous en connaitrez certainement encore.

La recherche de la Vérité vous amènera sur un chemin où la magie opère à chaque instant, où les miracles sont omniprésents.

Y-a-t-il seulement une Vérité ? Certainement. Celle que nous ne pouvons pas comprendre à tous les niveaux. Mais en comprendre certains principes comme le fait que les possibilités que nous avons sont infinies dans un monde qui est pure énergie, peut faire toute la différence.

Enfin, le miracle d'être présent et de vivre dans l'amour vous mènera sur un chemin de paix. Nous sommes tous ici pour évoluer et pour comprendre. L'amour est au centre de tout. Je vous invite à prendre cette direction de nourrir chaque instant de votre existence d'amour. On a tous droit à l'erreur. On peut s'énerver, on peut péter un plomb, on peut craquer, pleurer, sombrer. Mais souvenez-vous toujours que tout vous est possible et que vous vous devez de faire cet effort conscient pour améliorer votre vie. C'est en vous améliorant vous-même que la conscience de l'humanité s'élèvera. Ce devoir nous incombe et j'espère que vous ferez tout votre possible pour avancer dans cette direction également.

SYNTHÈSE CHAPITRE 7

Prenez un moment pour vous imprégner de ce dessin sur les croyances limitantes et les miracles

La vie est un chemin mettant à l'épreuve nos croyances limitantes pour nous en affranchir.

Sur ce chemin, vous rencontrerez des tempêtes, des poisons émotionnels, des questionnements sur la vie et votre propre personne.

Ces étapes sont un nettoyage nécessaire pour laisser place au miracle de la vie.

La vie est un miracle, tout est possible à partir du moment où il y a une ouverture totale sans croyance limitante.

Soyez ouvert d'esprit à chaque instant pour pouvoir vivre ces miracles et ces synchronicités au quotidien.

CONCLUSION GÉNÉRALE

Gardez à l'esprit que la Loi d'Attraction est une Loi Universelle qui répond à la Vibration de l'Âme, de l'Essence de ce que Vous Êtes de toute éternité, plutôt qu'à ce que désire l'ego. Lorsque la Conscience s'ouvre suffisamment, l'ego fusionne avec l'Esprit et les désirs deviennent purs et en Harmonie avec le Divin. Alors la Loi d'Attraction devient un jeu d'enfant à appliquer mais elle demande une Attitude intérieure irréprochable et le maintien de l'Harmonie dans les différents corps : physique, énergétique, émotionnel et mental.

Le livre n'est pas seulement à propos d'enseignements, c'est une invitation à être davantage en lien avec la Vie. Lorsque vous maîtrisez l'équilibre indispensable à la réussite, les 2 aspects de la gratitude, la combinaison du moment présent et de la loi de l'attraction, que vous vous rapprochez des personnes qui ont ce que vous voulez, que vous mettez en place les habitudes de ceux qui gagnent chaque fois qu'ils jouent, que vous utilisez votre ego à votre avantage et que vous vous ouvrez aux miracles et à toutes les possibilités que vous offrent la vie, votre vie en est transformée naturellement et chaque chose se fait à son rythme. L'important est que vous compreniez en profondeur tout cela de façon à pouvoir devenir un maître en la matière. Lorsque vous vous entrainez à devenir toujours meilleur sur ce type de connaissances, vous progressez à pas de géant dans la vie.

Souvenez-vous que vous êtes sur Terre pour laisser la Vie, le Divin s'exprimer à l'infini à travers vous. Cela ouvre la Paix et la Joie ainsi que tout votre potentiel. Sentez-vous libre d'être, de faire et d'avoir ce que vous voulez tant que tout ceci ne cause pas de tort à autrui. Vous pouvez tout à partir du moment où vous le décidez.

Le succès dans tous les domaines ne tient pas à grand-chose. En tout état de cause, le succès ne tient qu'à une décision. La vôtre. La prendrez-vous ?

ALLER PLUS LOIN

Il se peut que vous soyez enchanté de tout ce que vous avez appris jusque-là. Et si c'est le cas, vous m'en voyez ravi. Je révèle ici ce que l'on ne voit pas souvent, voire jamais car le travail de synthèse et d'expérimentation est colossal. J'ai fait en sorte qu'il y ait de la pratique mais j'ai voulu ce livre comme un manuscrit plein de secrets qui donnent envie d'appliquer. Si vous souhaitez avoir une compréhension plus profonde de la Loi d'attraction, il peut être pertinent de continuer avec mon livre sur les Lois Universelles car ce n'est qu'une Loi parmi toutes les autres. Chacune d'entre elles a une importance capitale dans la Pleine Expression de ce que nous sommes. J'espère de tout cœur que ce livre vous servira dans votre vie et pourra faire briller votre lumière davantage. Cette lumière irradiera autour de vous, inspirera les autres et vous permettra d'activer la magie dans votre vie. J'espère que ce livre a été et restera pour vous une source d'inspiration. Il est probable qu'il y ait eu des prises de conscience mais il vous est à présent demander de cultiver la Présence ainsi que d'intégrer et incarner toute cette Connaissance.

Ces dernières années, j'ai ressenti l'Appel de vous guider à travers des initiations qui vous reconnectent à l'Essentiel et à votre nature Divine. Ce sont des reconnexions au Vivant, à la Présence, œuvrant pour l'Eveil Véritable et la réintégration de la Conscience Cristalline et Christique. Depuis 2012, de grands changements se sont opérés et Se Souvenir de l'Essentiel est plus facile qu'auparavant, bien que cela demande toujours un Engagement total. Nous sommes au début d'un nouvel âge d'or qui prendra des milliers d'années à s'installer. Il s'agit d'être vigilant à ne pas laisser l'ego se réapproprier cela et à laisser l'Être prendre toute la Place. C'est ce qui vous permettent ces initiations qui sont appelés Portails Initiatiques car ils permettent de véritables passages et sauts quantiques.

Je propose également des sessions Cristal qui sont des accompagnements personnalisés avec la Conscience Cristalline. J'entre en résonance avec votre Âme et tout ce qui entrave son rayonnement, vous délivre tout ce qui se présente et vous profitez d'un soutien au Cœur du Vivant pour votre Pleine Expression.

Afin de vous familiariser avec tout cela, j'ai mis en place une formation unique et accessible gratuitement sur https://lecerclecristal.fr/ où je vous présente, d'après mon expérience, tout ce qui mène à l'Eveil Véritable et favorise le processus d'Ascension.

J'ai été ravi de tous ces partages avec Vous et la Vie fera peut-être que nos routes se croiseront sous d'autres formes par la suite. Plein d'Amour vers Vous et à bientôt.

REMERCIEMENTS

Je tiens à remercier la Vie de m'avoir mis sur ce chemin de la connaissance qui me permet aujourd'hui de vivre librement et de partager ce qui me tient à cœur.

Je tiens à remercier Guillaume, mon ami et ancien associé, sans qui ce projet ne serait probablement pas arrivé à son terme.

Je tiens à remercier Maëg Moreau pour les illustrations de ce livre, ainsi que pour ses conseils avisés à sa relecture.

Merci à mes proches de me soutenir et d'être là lorsque cela m'est nécessaire.

Merci à tous les soutiens des êtres qui me suivent à travers Terre Cristalline et me font des retours sur ce que je propose au monde.

RESSOURCES

Vous pouvez retrouver tous les dessins en synthèse de chaque chapitre en couleur avec les récapitulatifs à cette adresse : https://terrecristalline.fr/wp-content/uploads/Synthese7secrets.pdf

DU MEME AUTEUR :
LA VIBRATION ORIGINELLE

La Vibration Originelle est la Vibration de l'Âme. Vous êtes venu sur Terre pour la révéler et la partager inconditionnellement au monde. Pourtant, vous luttez avec le monde extérieur, avec vos croyances et vos fausses identités, tout en vous sentant séparé des autres et de tout ce qui est. Ce livre est un voyage direct vers l'Âme. Il vous permettra de vous connecter bien plus en profondeur avec celle-ci et de vous sentir en lien intime avec la Source. Vous expérimenterez la connexion à l'Univers tout en vous permettant de mettre en lumière votre ombre et tout ce qui empêche cette connexion naturelle.

DU MEME AUTEUR :
LES LOIS UNIVERSELLES

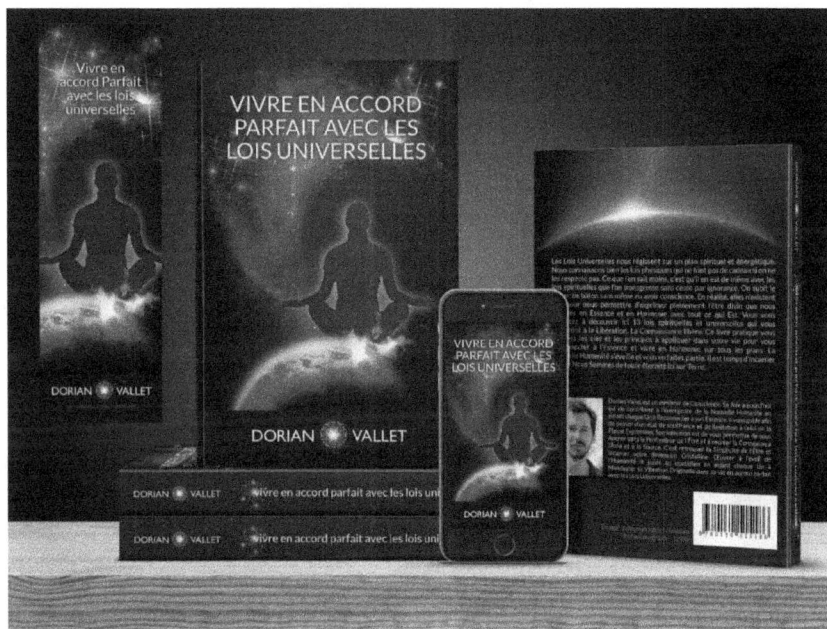

Les Lois Universelles nous régissent sur un plan spirituel et énergétique. Nous connaissons bien les lois physiques qui ne font pas de cadeau si on ne les respecte pas. Ce que l'on sait moins, c'est qu'il en est de même avec les lois spirituelles que l'on transgresse sans cesse par ignorance. On subit le retour de bâton sans même en avoir conscience. En réalité, elles n'existent que pour nous permettre d'exprimer pleinement l'être divin que nous sommes en Essence et en Harmonie avec tout ce qui Est. Vous vous apprêtez à découvrir ici 13 lois spirituelles et universelles qui vous mèneront à la Libération. La Connaissance libère. Ce livre pratique vous donnera les clés et les principes à appliquer dans votre vie pour vous Reconnecter à l'Essence et vivre en Harmonie sur tous les plans. La Nouvelle Humanité s'éveille et vous en faites partie. Il est temps d'incarner ce que Nous Sommes de toute éternité ici sur Terre.

POUR CONTINUER VOTRE CHEMIN AVEC MOI

Site Officiel : Dorian Vallet
https://www.dorianvallet.fr/

Vous trouverez en une page tout ce que Je Suis et ce que je propose pour vous guider vers l'Eveil Véritable et l'incarnation de la Conscience Universelle.

Le blog Terre Cristalline
https://terrecristalline.fr/

Des centaines d'articles et de vidéos de grande qualité

Le Cercle CRISTAL
https://lecerclecristal.fr/

Un espace sacré en ligne afin de vous guider à travers les portails initiatiques et initiations vibratoires.

Chaîne YouTube : Terre Cristalline
https://www.youtube.com/c/TerreCristalline

Des centaines de vidéos pour vous reconnecter à Vous-même et maintenir une énergie élevée au quotidien.

DORIAN VALLET

www.ingramcontent.com/pod-product-compliance
Lightning Source LLC
Chambersburg PA
CBHW070446090426
42735CB00012B/2473